코치와 선수가 함께 활용하는

배드민턴 연습메뉴 200

도시타 도모히로 지음
최말숙 옮김

SAMHO BOOKS

시작하며

배드민턴은 두 명만 있으면 언제든 할 수 있고 누구나 평생 즐길 수 있는 스포츠다. 연습과 시합 모두 체육관에서 진행되므로 날씨의 영향도 받지 않는다.

배드민턴은 코르크에 깃털을 꽂아 만든 셔틀콕을 라켓으로 치는 색다른 스포츠이기도 하다. 무게는 겨우 5g 정도로 바람, 기온, 습도의 영향을 받는 셔틀콕은 가볍지만 경기의 흐름을 좌우하는 중요한 도구다.

때문에 배드민턴을 잘하려면 셔틀콕을 많이 다루고 쳐봐야 한다. 이 책은 셔틀콕에 익숙해지고 원하는 대로 칠 수 있도록 돕는 연습 메뉴를 소개한다. 셔틀콕 낙하 지점으로 이동해 라켓을 휘두르는 단순한 메뉴라도 시합이라고 생각하며 연습하도록 하자. 내가 코치로 일하는 사이타마사카에 고등학교는 늘 우승을 노리는 팀인데 모든 선수가 실전처럼 연습한다. 연습을 하다 보면 마음처럼 되지 않을 때도 많을 것이다. 그렇다 하더라도 일단 코트에 서서 한 번이라도 더 셔틀콕을 쳐야 한다. 그러면서

자신의 강점은 발전시키고 약점은 보완하면 된다. 실력을 향상시키려면 생각만 하지 말고 연습을 하자.
선수든 지도자든 몸을 바쁘게 움직이고 셔틀콕도 많이 치기를, 반복해서 훈련하기를 바란다. '그만해도 되겠다'라고 만족하는 일만큼 무서운 것은 없다. 어쩌다 한두 번 잘 치는 것과 시합 때 위기 상황에서 기술이 먹히는 것은 완전히 다르다. 몸에 밸 때까지 몇 번이고 반복하는 것이 중요하다. 그래야 비로소 성과로 이어진다.
목표를 가지고 매일 동료 선수와 셔틀콕을 주고받으며 실력을 쌓아보자. 여러분이 이 책을 읽고 배드민턴의 매력에 푹 빠지길 바란다.

2024년 6월
사이타마사카에 고등학교
남자 배드민턴부 코치 도시타 도모히로

이 책의 사용법

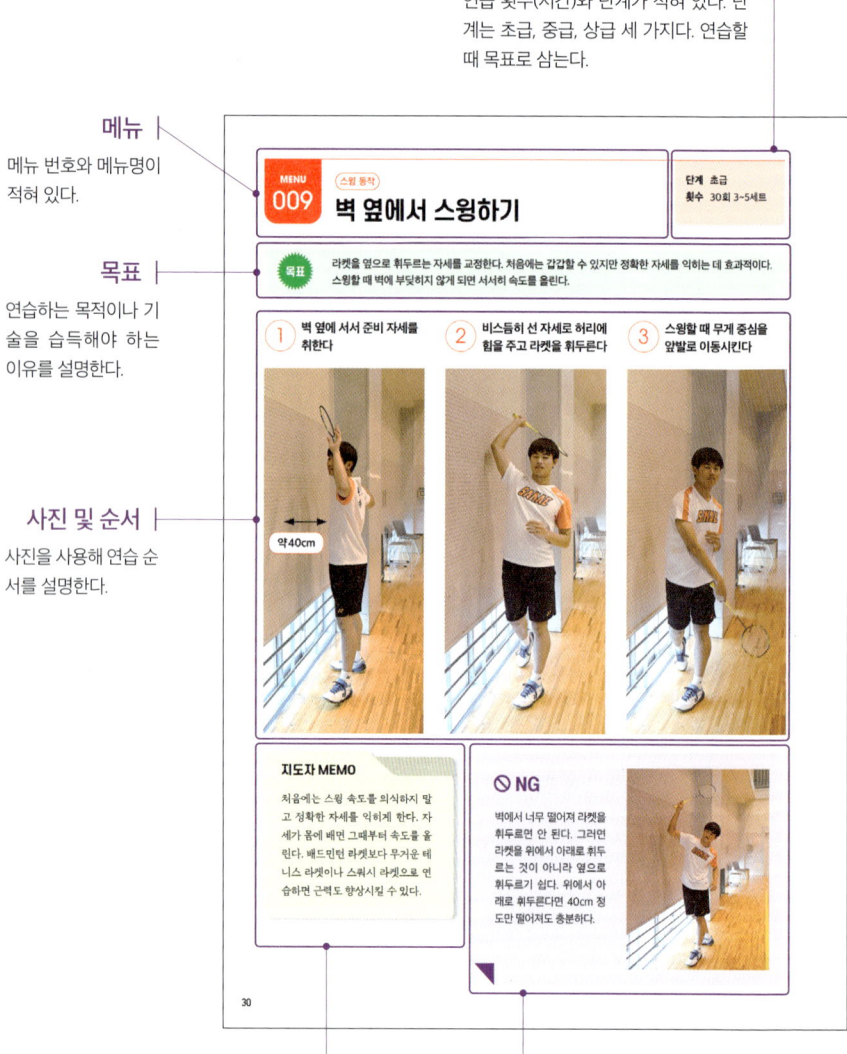

연습 횟수와 단계
연습 횟수(시간)와 단계가 적혀 있다. 단계는 초급, 중급, 상급 세 가지다. 연습할 때 목표로 삼는다.

메뉴
메뉴 번호와 메뉴명이 적혀 있다.

목표
연습하는 목적이나 기술을 습득해야 하는 이유를 설명한다.

사진 및 순서
사진을 사용해 연습 순서를 설명한다.

지도자 MEMO
지도자를 위해 연습시킬 때 주의할 점이나 요점을 정리해놓았다.

NG
하면 안 되는 행동이나 저지르기 쉬운 실수를 정리해놓았다.

이 책의 구성

이 책은 준비 자세, 스텝 밟는 방법, 셔틀콕 치는 방법 등을 설명하는 '기술 해설'과 실력을 쌓는 방법, 신체 단련을 위한 트레이닝, 경기에서 활용할 수 있는 전술 훈련 등을 설명하는 '연습 방법'을 15장에 걸쳐서 정리해놓았다.

※ 이 책은 오른손잡이 선수를 기준으로 연습 방법을 설명한다.

기술 포인트
메뉴의 기술적 포인트를 설명한다. '코트 중앙에서 준비 자세를 취한다', '돌아오는 셔틀콕을 기다린다', '수비 위치를 잡는다' 등 실전에서 바로 응용할 수 있는 기술을 사진과 함께 설명한다.

코트 도면
일부 메뉴는 코트 도면을 사용한다. 화살표 번호는 샷의 순서, 점선 화살표는 선수의 움직임을 나타낸다.

조언
선수를 위해 연습의 요점과 요령을 설명한다.

CHECK!
주의할 점이나 보완할 점을 정리해놓았다.

CONTENTS

- 시작하며 ··· 002
- 이 책의 사용법 ··· 004
- 선수들에게 ··· 012
- 지도자들에게 ··· 014
- 학부모들에게 ··· 016
- 배드민턴 기초 지식 ··· 018
- 규칙과 경기를 진행하는 방법 ··· 019
- 샷의 궤도와 역할 ··· 020
- 샷의 종류와 역할 ··· 021
- 배드민턴 용어 해설 ··· 022

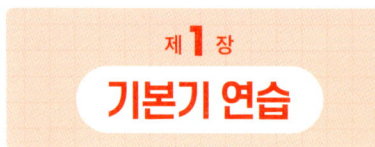

제1장 기본기 연습

MENU 001
오버헤드 스트로크 ··· 024

MENU 002
포핸드 언더핸드 스트로크 ··· 026

MENU 003
백핸드 언더핸드 스트로크 ··· 026

MENU 004
포핸드 사이드암 스트로크 ··· 027

MENU 005
백핸드 사이드암 스트로크 ··· 027

MENU 006
셔틀콕 던지고 받기 ··· 028

MENU 007
뒤로 물러서며 셔틀콕 잡기 ··· 028

MENU 008
뒤로 물러서며 셔틀콕 던지기 ··· 029

MENU 009
벽 옆에서 스윙하기 ··· 030

MENU 010
수건 치기 ··· 031

MENU 011
셔틀콕 튕기기 ··· 032

제2장 풋워크

MENU 012
코트 앞뒤로 움직이기 ··· 034

MENU 013
대각선으로 움직이기 ··· 034

MENU 014
N자로 움직이기 ··· 035

MENU 015
백 바운더리 라인을 이용해 발 바꾸기 ··· 035

MENU 016
V자로 움직이기 ··· 036

MENU 017
좌우로 움직이기 ··· 036

MENU 018
역 V자로 움직이기 ··· 037

MENU 019
랜덤으로 움직이기 ··· 038

MENU 020
지시대로 움직이기 ··· 039

MENU 021
지시 반대 방향으로 움직이기 ··· 039

MENU 022
상대를 미러링하기 ··· 040

제3장 커트

MENU 023
포사이드 뒤쪽에서 커트 연습하기 ··· 042

MENU 024
백사이드 뒤쪽에서 커트 연습하기 ··· 043

MENU 025
역 V자로 움직이며 커트 연습하기 ··· 044

MENU 026
포사이드 뒤쪽에서 크로스 커트 연습하기 ··· 045

MENU 027
리버스 커트 연습하기 ··· 046

MENU 028
X자(직선)로 움직이며 커트 연습하기 ········ 048
MENU 029
X자(대각선)로 움직이며 커트 연습하기 ······ 049
MENU 030
자유롭게 커트 연습하기 ························ 050
MENU 031
스트레이트 로브를 커트와
크로스 커트로 받아치기 ························ 050

MENU 043
네트 앞에서 두 걸음
물러서며 스매시 연습하기 ······················ 061
MENU 044
포사이드 뒤쪽에서 스매시 연습하기 ·········· 062
MENU 045
백사이드 뒤쪽에서 스매시 연습하기 ·········· 062
MENU 046
역 V자로 움직이며 스매시 연습하기 ·········· 063
MENU 047
포사이드 앞뒤로 움직이며 스매시 연습하기 ·· 064
MENU 048
백사이드 앞뒤로 움직이며 스매시 연습하기 ·· 065
MENU 049
좌우로 움직이며 스매시 연습하기 ·············· 066
MENU 050
사이드 온 점프 스매시 연습하기 ················ 067
MENU 051
점프 스매시 연습하기 ····························· 068
MENU 052
자유롭게 스매시 연습하기 ························ 070

제**4**장
클리어

MENU 032
앞뒤로 움직이며 클리어 연습하기 ·············· 052
MENU 033
포사이드 뒤쪽에서 클리어 연습하기 ··········· 053
MENU 034
백사이드 뒤쪽에서 클리어 연습하기 ··········· 053
MENU 035
역 V자로 움직이며 클리어 연습하기 ··········· 054
MENU 036
X자(직선)로 움직이며 클리어 연습하기 ······· 055
MENU 037
X자(대각선)로 움직이며 클리어 연습하기 ···· 055
MENU 038
자유롭게 클리어 연습하기 ························ 056
MENU 039
스트레이트 클리어 연습하기 ····················· 057
MENU 040
크로스 클리어 연습하기 ··························· 057
MENU 041
스트레이트·크로스 클리어 연습하기 ············ 058

제**6**장
드라이브

MENU 053
포핸드 드라이브 연습하기 ························ 072
MENU 054
백핸드 드라이브 연습하기 ························ 072
MENU 055
포핸드·백핸드 드라이브 연습하기 ·············· 073
MENU 056
앞뒤(직선)로 움직이며
스매시와 드라이브 연습하기 ····················· 074
MENU 057
앞뒤(대각선)로 움직이며
스매시와 드라이브 연습하기 ····················· 075
MENU 058
자유롭게 드라이브 연습하기 ····················· 076
MENU 059
포핸드 드라이브 대 백핸드 드라이브(1 대 1) ·· 077
MENU 060
코트 전면과 한쪽 면에서 드라이브 주고받기 ·· 077
MENU 061
포핸드 드라이브 대 백핸드 드라이브(2 대 2) ·· 078

제**5**장
스매시

MENU 042
네트 앞에서 스매시 연습하기 ···················· 060

7

제 7 장
네트 앞 플레이

MENU 062
포핸드 로브 연습하기 ········ 080
MENU 063
백핸드 로브 연습하기 ········ 080
MENU 064
어택 로브 연습하기 ········ 081
MENU 065
V자로 움직이며 로브 연습하기 ········ 081
MENU 066
X자(직선)로 움직이며 로브 연습하기 ········ 082
MENU 067
X자(대각선)로 움직이며 로브 연습하기 ········ 083
MENU 068
포핸드 헤어핀 연습하기 ········ 084
MENU 069
백핸드 헤어핀 연습하기 ········ 084
MENU 070
V자로 움직이며 헤어핀 연습하기 ········ 085
MENU 071
자유롭게 헤어핀 연습하기 ········ 085
MENU 072
X자(직선)로 움직이며 헤어핀 연습하기 ········ 086
MENU 073
X자(대각선)로 움직이며 헤어핀 연습하기 ········ 087
MENU 074
포핸드 푸시 연습하기 ········ 088
MENU 075
백핸드 푸시 연습하기 ········ 088
MENU 076
V자로 움직이며 푸시 연습하기 ········ 089
MENU 077
X자(직선)로 움직이며 푸시 연습하기 ········ 090
MENU 078
X자(대각선)로 움직이며 푸시 연습하기 ········ 091
MENU 079
스트레이트·크로스 푸시 연습하기 ········ 092
MENU 080
포핸드·백핸드·라운드 푸시 연습하기 ········ 093
MENU 081
자유롭게 푸시 연습하기 ········ 094

제 8 장
리시브

MENU 082
포핸드 롱 리시브 연습하기 ········ 096
MENU 083
백핸드 롱 리시브 연습하기 ········ 096
MENU 084
포핸드·백핸드 롱 리시브 연습하기 ········ 097
MENU 085
스매시 리시브 연습하기(1 대 1) ········ 098
MENU 086
스매시 리시브 연습하기(2 대 1) ········ 099
MENU 087
포핸드 쇼트 리시브 연습하기 ········ 100
MENU 088
백핸드 쇼트 리시브 연습하기 ········ 100
MENU 089
포핸드·백핸드 쇼트 리시브 연습하기 ········ 101
MENU 090
스매시·헤어핀 대 쇼트 리시브·로브(1 대 1) ········ 102
MENU 091
스매시·헤어핀 대 쇼트 리시브·로브(2 대 1) ········ 103
MENU 092
포핸드 푸시 리시브 연습하기 ········ 104
MENU 093
백핸드 푸시 리시브 연습하기 ········ 104
MENU 094
포핸드·백핸드 푸시 리시브 연습하기 ········ 105
MENU 095
푸시 대 리시브 ········ 106
MENU 096
트레이닝 라켓으로 벽 치기 ········ 106

제 9 장
서비스 & 서비스 리턴

MENU 097
목표물을 두고 롱 서비스 연습하기 ········ 108

MENU 098
롱 서비스→스매시→쇼트 리시브 순으로
연습하기 ... 109

MENU 099
롱 서비스→스매시→쇼트 리시브→로브→스매시
순으로 연습하기(단식) ... 110

MENU 100
롱 서비스→클리어→스매시 순으로
연습하기(단식) ... 111

MENU 101
연줄을 사용해 쇼트 서비스 연습하기 ... 112

MENU 102
쇼트 서비스 후 공격으로 전환하기(단식) ... 113

MENU 103
쇼트 서비스 후 상대의 공격을 막고
역공하기(단식) ... 114

MENU 104
쇼트 서비스 후 3구까지 연습하기(단식) ... 115

MENU 105
쇼트 서비스→쇼트 드라이브→푸시 순으로
연습하기(복식) ... 116

MENU 106
쇼트 서비스→헤어핀→푸시 순으로
연습하기(복식) ... 117

MENU 107
쇼트 서비스→푸시→리시브→푸시 순으로
연습하기(복식) ... 118

MENU 108
서비스 후 4구 공격 연습하기(복식) ... 119

COLUMN
단체전에 도전하는 의미는 무엇인가 ... 120

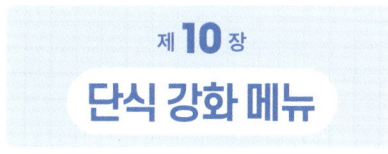

제 10 장
단식 강화 메뉴

MENU 109
올코트에서 클리어 주고받기 ... 122

MENU 110
올코트에서 커트 번갈아 주고받기 ... 123

MENU 111
올코트에서 스매시 번갈아 주고받기 ... 123

MENU 112
모든 셔틀콕을 짧게 보내기 ... 124

MENU 113
모든 셔틀콕을 길게 보내기 ... 124

MENU 114
리시브 강화하기 ... 125

MENU 115
스매시 & 네트 플레이 ... 125

MENU 116
올코트에서 자유롭게 주고받기(2 대 1) ... 126

MENU 117
스매시를 하지 않고 자유롭게 주고받기 ... 127

MENU 118
올코트에서 자유롭게 주고받기(1 대 1) ... 127

MENU 119
하이 백핸드 스트레이트 커트 후
직선으로 주고받기 ... 128

MENU 120
하이 백핸드 크로스 커트 후
직선, 대각선으로 주고받기 ... 129

MENU 121
하이 백핸드 스트레이트 클리어 후
직선으로 주고받기 ... 130

MENU 122
하이 백핸드 스트레이트 스매시 후
직선으로 주고받기 ... 131

COLUMN
긴장감을 이겨내고
'강한 선수'가 되기 위해서는 ... 132

제 11 장
복식 강화 메뉴

MENU 123
스매시 후 패턴 연습하기 ... 134

MENU 124
복식 서비스 코트에서 자유롭게 주고받기 ... 135

MENU 125
코트 뒤쪽에서 공격하기 ... 136

MENU 126
전면 공격 & 한쪽 면 리시브 ... 137

MENU 127
랠리를 이어가기 위한 쇼트 ... 138

MENU 128
스트레이트 리시브 & 푸시 ... 139

MENU 129
전면 푸시 & 코트 한쪽 면 리시브 ... 140

MENU 130
푸시 대 푸시 리시브 ... 141

MENU 131
톱 앤드 백 대 사이드 바이 사이드 드라이브 ······ 142
MENU 132
올코트에서 자유롭게 드라이브 주고받기 ······ 143
MENU 133
톱 앤드 백 대 사이드 바이 사이드 ······ 144
MENU 134
로브를 하지 않고 자유롭게 주고받기 ······ 145
MENU 135
올코트에서 자유롭게 주고받기(2 대 2) ······ 146
MENU 136
공격 & 리시브 ······ 147
MENU 137
올코트에서 자유롭게 주고받기(3 대 2) ······ 148

MENU 148
직선→대각선 순으로 움직이며
드라이브와 푸시하기 ······ 155
MENU 149
대각선→직선 순으로 움직이며
드라이브와 푸시하기 ······ 155
MENU 150
6곳을 움직이며 연속으로 공격하기(복식) ······ 156
MENU 151
4곳을 움직이며 자유롭게 공격하기(복식) ······ 157
MENU 152
4곳을 움직이며 연속으로 공격하기(복식) ······ 158
MENU 153
자유롭게 셔틀콕 치기(복식) ······ 159
COLUMN
그만두지 않으면 미래를 개척할 수 있다 ······ 160

제 12 장
셔틀콕 쳐주기

MENU 138
포핸드 헤어핀→스매시→백핸드 푸시 패턴
연습하기 ······ 150
MENU 139
백핸드 헤어핀→포핸드 스매시→푸시 패턴
연습하기 ······ 150
MENU 140
포핸드·백핸드 헤어핀→포핸드 스매시 패턴
연습하기 ······ 151
MENU 141
백핸드·포핸드 헤어핀→포핸드 스매시 패턴
연습하기 ······ 151
MENU 142
직선→대각선 순으로 움직이며 공격하기(단식) ······ 152
MENU 143
대각선→직선 순으로 움직이며 공격하기(단식) ······ 152
MENU 144
코트 전면에서 자유롭게 받아치기(단식) ······ 153
MENU 145
연속으로 포핸드·백핸드 푸시하기 ······ 153
MENU 146
직선→대각선 순으로 움직이며 공격하기(복식) ······ 154
MENU 147
대각선→직선 순으로 움직이며 공격하기(복식) ······ 154

제 13 장
여러 사람이 같이 연습하기

MENU 154
코트 뒤쪽에서 라켓만 휘두르고 앞으로 나오기 ······ 162
MENU 155
포·백사이드에서 라켓만
휘두르고 백핸드 헤어핀하기 ······ 163
MENU 156
백·포사이드에서 라켓만
휘두르고 포핸드 헤어핀하기 ······ 163
MENU 157
포·백사이드에서 라켓만
휘두르고 포핸드 헤어핀하기 ······ 164
MENU 158
백·포사이드에서 라켓만
휘두르고 백핸드 헤어핀하기 ······ 164
MENU 159
포사이드에서 라켓만 휘두르고
백핸드 헤어핀하기 ······ 165
MENU 160
백사이드에서 라켓만 휘두르고
포핸드 헤어핀하기 ······ 165
MENU 161
스트레이트 드라이브 & 푸시를 여럿이 하기 ······ 166
MENU 162
스매시 & 네트 플레이를 여럿이 하기 ······ 166

MENU 163
푸시 & 스매시를 여럿이 하기 ······ 167
MENU 164
드라이브 & 스매시를 여럿이 하기 ······ 167
MENU 165
스매시 & 드라이브 & 푸시를 여럿이 하기 ······ 168
MENU 166
클리어 & 네트 플레이를 여럿이 하기 ······ 169
MENU 167
크로스와 스트레이트 커트 & 헤어핀을 여럿이 하기 ······ 170

MENU 182
사이드 스텝 밟기
(우 2번, 좌 1번→좌 2번, 우 1번) ······ 180
MENU 183
셔틀콕을 두고 사다리 점프하기 ······ 180
MENU 184
셔틀콕을 두고 사다리 스텝 밟기① ······ 181
MENU 185
셔틀콕을 두고 사다리 스텝 밟기② ······ 182
MENU 186
라인 위에서 술래잡기 ······ 182

제 14 장
워밍업

제 15 장
트레이닝

MENU 168
허벅지 뒤쪽 펴주기 ······ 172
MENU 169
다리 들어 올리기 ······ 172
MENU 170
고관절 돌리기 ······ 173
MENU 171
런지 자세로 몸 구부리기 ······ 174
MENU 172
런지 자세에서 옆으로 벌린 팔 비틀기 ······ 174
MENU 173
런지 자세에서 위아래로 벌린 팔 비틀기 ······ 175
MENU 174
투 스텝 밟기 ······ 176
MENU 175
후진 스텝 밟기 ······ 176
MENU 176
사이드 스텝 밟기 ······ 177
MENU 177
크로스 스텝 밟기 ······ 177
MENU 178
바닥 두드리고 무릎 들며 전진하기 ······ 178
MENU 179
바닥 두드리고 무릎 들며 후진하기 ······ 178
MENU 180
두 발로 점프하기(앞 2번, 뒤 1번) ······ 179
MENU 181
두 발로 점프하기(뒤 2번, 앞 1번) ······ 179

MENU 187
바 들어 올리기 ······ 184
MENU 188
바 들고 다리 벌려 점프하기 ······ 184
MENU 189
바 들고 앞으로 발 내딛기 ······ 185
MENU 190
바 들고 뒤로 발 내딛기 ······ 185
MENU 191
바 들고 발 위치 바꾸기 ······ 186
MENU 192
바 들고 계단 오르내리기 ······ 186
MENU 193
플랭크 자세 취하기 ······ 187
MENU 194
사이드 플랭크 자세 취하기 ······ 187
MENU 195
리버스 플랭크 자세 취하기 ······ 188
MENU 196
스케이터 점프하기 ······ 188
MENU 197
다리 벌려 버피 점프하기 ······ 189
MENU 198
1단 뛰기와 2단 뛰기 ······ 190
MENU 199
추 감기 ······ 190
MENU 200
셔틀콕 놓고 달리기 ······ 191

선수들에게

꾸준한 연습으로 실력을 향상시키자

배드민턴은 체격이 크다고 해서 압도적으로 유리한 스포츠는 아니다. 체격이 작은 선수가 지능적인 플레이를 펼쳐 체격 좋은 선수를 이기는 일은 흔하다. 일본의 모모다 겐토, 야마구치 아카네, 오쿠하라 노조미 선수 등은 작은 체격으로도 세계 정상에 올랐다. 물론 체격이 큰 선수가 때리는 강력한 스매시 하나가 승부를 결정지을 때도 있다. 이처럼 배드민턴은 선수 각자가 잘하는 플레이로 승부를 겨루는 매우 흥미로운 스포츠다.

강점을 발전시키는 것과 약점을 극복하는 것 중 어느 쪽을 택해야 하냐고 묻는다면 나는 강점을 발전시키라고 대답할 것이다. 약점을 보완하는 것도 당연히 중요하다. 그러나 실전에서는 자신의 강점을 살려 상대를 몰아붙이는 것이 더 중요하다.

선수들 중에는 같은 팀 동료들보다 실력이 떨어져 연습 게임을 할 때도 매번 진다고 걱정하는 이도 있을 것이다. 그런 선수에게는 팀 내에 자신보다 잘하는 사람이 많은 것은 매우 좋은 환경이라고 말해주고 싶다. 모범이 되는 존재가 있으면 오히려 자신에게 도움이 된다는 점을 명심해야 한다. 현재 실력이 부족하더라도 스스로에게 맞는 목표나 목적을 찾으면 된다. 배드민턴 실력은 셔틀콕을 때린 만큼 향상된다는 것을 잊지 말고, 끊임없이 연습하자.

생각을 바꾸면 성과를 얻을 수 있다

이 책에서 소개하는 메뉴 중에는 이미 알고 있거나 평소에 하던 것도 있겠지만 다음 세 가지를 염두에 두고 실시한다면 실력이 몰라보게 늘 것이다. '발을 움직여 셔틀콕 낙하 지점으로 이동한다', '올바른 자세로 라켓을 휘두른다', '시합이라고 생각하며 연습한다'.

몸이 지치면 발을 움직이지 않고 팔로만 스윙하기 쉽다. 그런 상태에서 라켓을 휘두르면 의도한 대로 샷을 때릴 수 있을까? 시합 종반의 치열한 랠리를 이겨낼 수 있을까? 정해진 순서를 따르는 훈련에서는 셔틀콕을 친 뒤 코트 중앙으로 돌아오지 않고 자칫 그대로 지나치기 쉽지만, 실전에서도 그렇게 해 이길 수 있을까?

상대의 공격을 막아내며 랠리를 이어갈 수 있는 진짜 강한 선수, 이기는 선수가 되려면 그에 걸맞은 연습을 하자.

지도자들에게

선수들 스스로 깨닫게 해주자

대학을 졸업하고 지도자가 된 지 17년이 되었다. 지도자의 길을 걷기 시작한 20대 때는 선수와 같이 코트에 들어갔다. 연습 게임을 할 때 스파링 상대가 되어주었던 셈이다. 코트 안에 있으면 선수들이 어떻게 움직이는지를 쉽게 알 수 있어 잘못된 점이 보이면 바로 알려주었다. 그런데 내가 이것저것 가르친다고 해서 선수가 강해지는 것은 아니었다. 얼마 지나지 않아 그들 스스로 깨달을 수 있는 기회를 뺏었다는 사실을 알게 되었다. 그래서 지금은 코트에 들어가지 않고 선수들 스스로 깨닫게 도와주고 있다.

선수들을 틀에 가두지 않으려는 것도 내가 노력하는 바 중 하나다. 예를 들면 셔틀콕을 주고받을 때는 직선 방향으로 치는 것이 기본인데 자기 멋대로 대각선 방향으로 치려는 선수들이 있다. 하지만 그렇게 해서도 잘 친다면 일단은 지켜본다. 그러다가 랠리의 기본은 직선이므로 대각선으로만 쳐서는 안 된다는 점을 스스로 깨달으면 그때 고치도록 도와준다. 이렇게 하면 코트 밖에서 직선으로 치라고 지시하는 것보다 훨씬 도움이 된다. 만약 끝내 스스로 깨닫지 못해 조언을 해야 한다면 말로만 끝나지 않도록 선수 각자의 특성에 맞게 해주려고 한다.

칭찬도 잊지 말자

어려운 상황에서도 지도자는 칭찬을 잊지 말아야 한다. 늘 같이 연습하다 보면 약점이 눈에 띄기 마련이다. 그럴 때 선수의 강점이나 역량을 알아보고 칭찬하는 것도 지도자의 중요한 역할이다. 잘되길 바라는 마음에 선수를 엄하게 다루는 사람도 있겠지만 칭찬도 잊지 말아야 한다.

다만 플레이가 해이할 때나 대답, 인사, 시간 엄수 같은 코트 밖에서의 행동이 부적절할 때는 따끔하게 충고한다. 배드민턴부 활동을 통해 건강한 사회인으로 성장하도록 돕는 것도 지도자의 역할이라고 생각하기 때문이다.

학부모들에게

신뢰할 수 있는 지도자를 찾자

보호자의 입장에서, 언제나 자녀를 믿고 맡길 수 있는 지도자를 찾는 일은 중요할 것이다. 그리고 그 지도자를 뒷받침해주는 학부모님들의 지원과 헌신에 감사와 존경을 표하고 싶다. 이 점을 미리 밝히고 몇 가지를 이야기하고자 한다.

먼저, 아이에게 기술적인 조언을 해주는 일은 지도자의 몫이라는 것이다. 연습 게임이나 시합에서 좋은 성적을 내지 못하는 아이에게, 배드민턴을 친 적이 없어 충고를 하기가 어렵다면 조언을 구할 수 있는 신뢰할 만한 지도자를 찾으라고 말씀드리고 싶다. 그것이 부모님의 역할이다.

만약 아이가 연습하기 싫다거나 배드민턴을 그만두고 싶어 한다면 일단 아이의 말을 들어주자. 억지로 시키지 말고 생각할 시간을 갖게 하는 것도 좋다. 자신이 배드민턴을 좋아한다는 사실을 스스로 깨달으면 연습하러 간다고 먼저 말할 것이다. 가장 안 좋은 것은 아이가 팀이나 지도자에게 품은 불만에 편승하는 일이다. 아이의 이야기는 냉정한 자세로 듣자.

아이를 지원한다는 자세로 임하자

반대로 아이가 배드민턴에 푹 빠지는 경우도 있다. 지도자로서는 매우 기쁜 일이지만 숙제를 하지 않는 등 학교생활에 불성실한 모습을 보인다면 주의를 주어야 한다. 식사나 수면 등을 포함해 생활 전반에 걸쳐 도움을 줄 수 있는 사람은 부모님뿐이기 때문이다. 하루 종일 배드민턴만 치지 않도록 지도하는 것도 부모님의 역할이다.

운동은 아이의 성장에 큰 도움이 되고 그를 통해 얻는 것도 많다. 그러니 부모님은 눈앞의 결과만 보지 말고 길게 보아야 한다. 연습을 반복하면 지금은 이길 수 없는 상대를 꺾는 날이 오기도 한다. 강자가 되기 위한 연습은 아이의 몫이므로 부모님은 아이가 계속할 수 있게 뒤에서 도와주기만 하면 된다.

배드민턴 기초 지식

배드민턴의 기초 지식을 알아보자. 기본적인 기술과 규칙, 자주 사용하는 용어를 기억해두면 순조롭게 연습할 수 있다.

사이즈와 명칭

- 6.10m
- 5.180m
- 옵셔널 테스팅 마크 Optional testing mark
- 셔틀콕의 비거리나 속도를 테스트할 때 사용된다.
- 사이드 라인 (단식 경기)
- 센터 라인
- 사이드 라인 (복식 경기)
- 라인 폭 40mm
- 쇼트 서비스 라인
- 네트 기둥 높이 1.550m
- 네트 폭 760mm
- 롱 서비스 라인 (복식 경기에만 적용)
- 백 바운더리 라인 겸 단식 롱 서비스 라인
- 13.40m
- 1.980m
- 6.70m
- 3.880m
- 720mm
- 420mm
- 2.530m

코트

코트 크기

세계 배드민턴 연맹이 정한 코트의 크기는 세로 13.4m(44ft), 가로 6.1m(20ft)다. 라인 폭은 40mm다. 2 대 2 복식 경기는 코트 전체를 사용하지만 1 대 1 단식 경기는 안쪽 사이드 라인까지만 사용한다. 단식은 복식보다 사이드 라인 간의 거리가 조금 더 좁다.

네트 높이

네트 기둥은 단식 경기를 할 때도 복식 사이드 라인에 세운다. 네트 높이는 중앙부가 1.524m고 사이드 라인 쪽은 1.55m다. 사이드 라인 쪽이 2.6cm 더 높게 설계되어 있다.

코트 대각선 길이는 14.723m

라켓 잡는 방법

그립 부분을 포함한 라켓 프레임 전체 길이는 680mm 이내고 전체 폭은 230mm 이내다.

기본적인 방법

라켓의 그립은 팔각형이지만 정팔각형은 아니다. 두 면이 약간 넓적한데, 그 면에 엄지 측면을 댄다. 백핸드로 칠 때는 엄지를 세워서 라켓을 잡는 것이 기본이다. 힘을 뺀 상태로 라켓을 잡고 있다가 셔틀콕을 치는 순간에 꽉 쥔다. 라켓을 잡는 가장 기본적인 방법은 라켓을 수직으로 세우는 이스턴 그립 Eastern grip이다. 칼을 쥐듯이 라켓을 잡으면 된다.

이스턴 그립

백핸드 그립

규칙과 경기를 진행하는 방법

단식이든 복식이든 기본적인 규칙은 같다. 셔틀콕이 코트에 떨어지거나 상대의 반칙으로 랠리에서 이기면 점수를 얻게 된다.

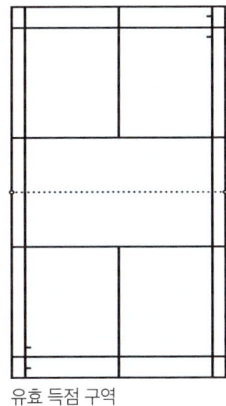

유효 득점 구역

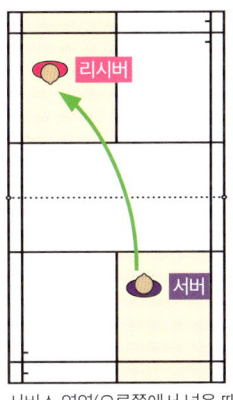

리시브 영역

서비스 영역(오른쪽에서 넣을 때)

단식 경기

랠리에서 이긴 선수가 다음 서비스를 넣는다. 서비스는 득점한 점수가 짝수일 때는 오른쪽, 홀수일 때는 왼쪽에서 넣는다. 리시버는 서버의 대각선 위치에 선다.

복식

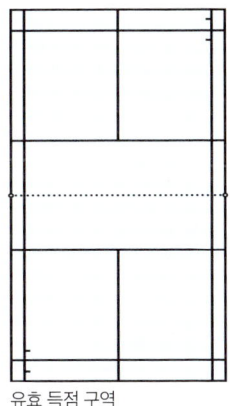

유효 득점 구역

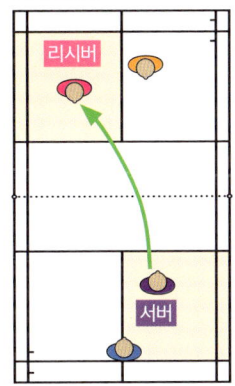

리시브 영역

서비스 영역(오른쪽에서 넣을 때)

복식 경기

단식과 마찬가지로 득점한 점수가 짝수일 때는 오른쪽, 홀수일 때는 왼쪽에서 서비스를 넣는다. 서비스를 넣고 랠리에서 이기면 같은 선수가 좌우를 바꿔서 서비스를 넣는다. 랠리에 져서 상대 팀에게 서브권이 넘어가면 그 랠리가 시작됐을 때의 위치에서 서비스를 넣는다.

기본적인 규칙

배드민턴은 서브권에 상관없이 랠리에서 이긴 선수가 점수를 얻는 랠리 포인트제로 운영되어 한 게임에서 21점을 먼저 얻는 쪽이 이긴다. 다만 20 대 20 동점이 되면 2점 차가 날 때까지 경기가 계속된다. 또한 29 대 29가 되면 30점을 먼저 얻는 쪽이 이긴다. 2점 차가 나지 않더라도 30점을 얻으면 이기므로 한 게임의 최대 점수는 30점이다. 배드민턴 경기는 세 게임 중 두 게임을 먼저 이기는 쪽이 승자가 된다.

샷의 궤도와 역할

배드민턴을 칠 때는 경기 전개나 상대의 상황에 따라 다양한 샷을 사용한다. 기본적인 샷의 궤도와 역할을 염두에 두고 연습하자.

궤도 이미지

코트 뒤쪽에서 치는 샷

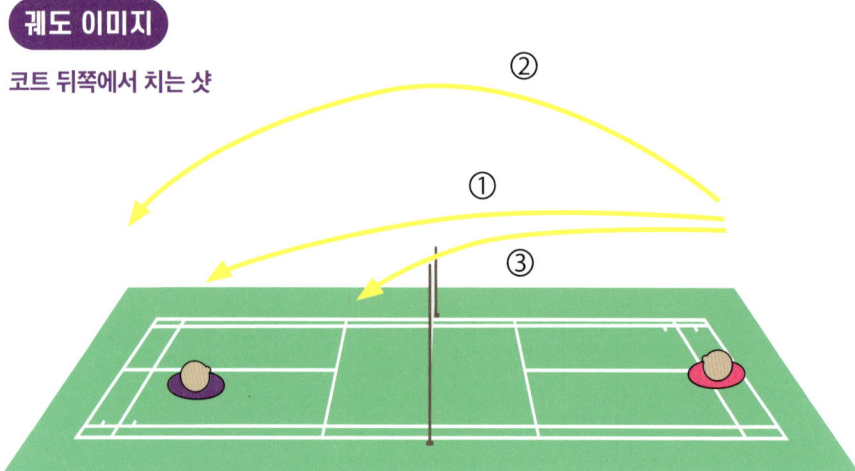

① **스매시**Smash: 셔틀콕을 높은 타점에서 예리하게 쳐 상대 코트에 내리꽂는 타법이다.
② **클리어**Clear: 스매시와 비슷한 폼으로 셔틀콕을 높은 궤도로 쳐 상대 코트 뒤쪽에 떨어뜨리는 타법이다. 궤도가 높은 클리어를 '하이 클리어High clear', 궤도가 낮고 빠른 클리어를 '드리븐 클리어Driven clear'라고 한다.
③ **커트**Cut: 라켓 면으로 셔틀콕을 비껴 쳐서 상대 네트 앞에 떨어뜨리는 타법이다. 비껴 치지 않고 셔틀콕을 그냥 가볍게 쳐서 상대 네트 앞에 떨어뜨리는 타법은 '드롭Drop'이다.

쇼트 서비스 라인 부근에서 치는 샷

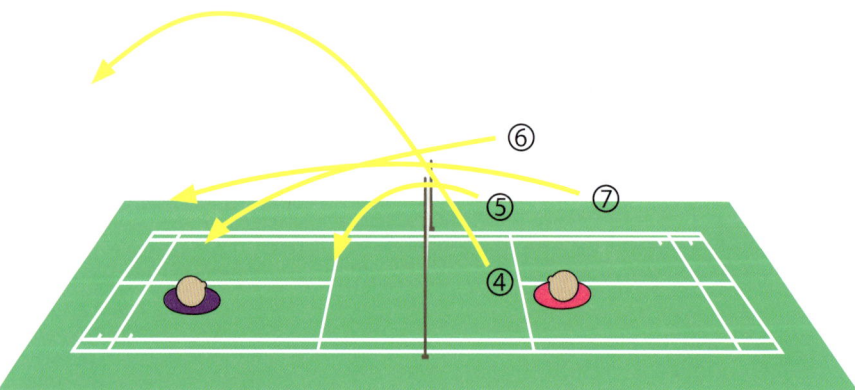

④ **로브**Lob: 상대 코트 뒤쪽으로 높게 올려 쳐서 떨어뜨리는 타법이다. 체공 시간이 긴 샷이다.
⑤ **헤어핀**Hairpin: 셔틀콕을 네트 앞에 떨어뜨려 상대가 가까이 오게 하는 타법이다.
⑥ **푸시**Push: 네트 앞에서 셔틀콕을 날카로운 궤도로 강하게 쳐 점수를 얻는 타법이다.
⑦ **드라이브**Drive: 셔틀콕을 빠르게 수평으로 치는 타법이다.

샷의 종류와 역할

① 스매시

배드민턴의 꽃이라고도 한다. 높은 타점에서 셔틀콕을 상대 코트로 내리치는 공격적인 기술이다. 점프 스매시는 공중에서 라켓을 휘두르는 고급 기술로, 더욱 예리한 각도로 때릴 수 있다. 상대의 발을 묶는 효과도 있다.

② 클리어

자신의 자세나 포지션이 흐트러져 재정비할 필요가 있을 때 셔틀콕을 상대 코트 뒤쪽으로 높게 보내는 기술이다. 하이 클리어는 높은 궤도로 코트 깊숙이 보내므로 수비적이고, 드리븐 클리어는 낮은 궤도로 코트 깊숙이 보내므로 공격적이다.

③ 커트

상대 코트 앞에 짧게 떨어뜨리는 샷으로, 스매시를 구사할 때와 동일한 자세로 치면 상대를 속이는 효과도 얻을 수 있다. 셔틀콕을 비껴 치는 기술은 커트고 가볍게 치는 기술은 드롭이다. 상대를 네트 앞으로 유인해 자세를 무너뜨린 다음 공격으로 전환하는 기술이므로 잘 구사한다면 상대를 압박할 수 있다.

④ 로브(로빙)

네트 아래에서 상대 코트 뒤쪽으로 올려 치는 기술로 코트에 수직으로 떨어지는 듯한 궤도를 그리는 것이 이상적이다. 셔틀콕이 날아가는 동안 자세를 가다듬을 시간을 벌 수 있다. 네트 앞에 셔틀콕이 떨어지면 언더핸드 스트로크로 받아치면 된다. 높이와 속도를 달리하면 공수 양면에서 사용할 수 있다.

⑤ 헤어핀

셔틀콕을 네트 위로 살짝 넘겨서 상대 코트에 떨어뜨리는 기술이다. 네트를 넘어가는 궤도가 머리핀과 닮았다고 해서 헤어핀이라고 부른다. 셔틀콕이 네트에서 뜨면 역공을 당하므로 회전을 걸거나 코스를 바꾸는 등의 섬세한 기술이 요구된다.

⑥ 푸시

네트 바로 앞에서 셔틀콕을 내리치는 공격 기술이다. 네트 부근에서 상대의 리턴이 높이 떴을 때 재빨리 내리꽂는다. 셔틀콕이 되돌아오면 짧고 빠른 랠리로 이어지는 경우가 많으므로 라켓을 크게 휘두르지 말고 다음 동작을 준비한다.

⑦ 드라이브

바닥과 수평이 되는 궤도로 네트를 스칠 듯이 넘기는 것이 이상적이다. 특히 복식 경기에서는 네트 앞에서 공방이 빠르게 전개되는 경우가 많으므로 셔틀콕을 확실히 받아치면서 상대의 실수를 유도하면 점수를 얻을 수 있다. 또한 셔틀콕을 실수 없이 받아쳐 우위를 점하면 경기의 주도권을 쥘 수 있다.

자신과 상대의 자세, 상황을 확인하고 그에 알맞은 샷을 구사한다.

배드민턴 용어 해설

배드민턴 전문 용어와 규칙으로, 이 책을 읽을 때 참고하길 바란다. 기억해두면 연습 게임이나 시합을 할 때 도움이 될 것이다.

포핸드 Forehand
라켓을 잡은 쪽이다.

백핸드 Backhand
라켓을 잡지 않은 쪽이다. 오른손잡이일 경우 왼쪽으로 오는 셔틀콕을 처리할 때 백핸드 샷을 구사한다.

테이크 백 Take back
셔틀콕을 칠 때 반동을 이용하고자 라켓과 어깨를 몸 뒤쪽으로 빼는 동작이다.

폴로 스루 Follow through
임팩트(라켓으로 셔틀콕을 맞추는 것) 후의 스윙 동작이다.

라운드 더 헤드 샷 Round the head shot
라켓을 잡지 않은 쪽 어깨 부근으로 날아오는 셔틀콕을 백핸드가 아니라 포핸드로 치는 샷이다.

스트레이트 Straight
셔틀콕을 직선 방향으로 치는 샷이다.

크로스 Cross
코트를 대각선으로 가로지르는 궤도나 방향으로 치는 샷이다.

프리 히트 Free hit
코스나 샷의 종류에 제약 없이 자유롭게 셔틀콕을 치는 것을 말한다.

톱 앤드 백 Top and back
복식 경기의 대형 중 하나다. 주로 공격할 때 두 선수가 앞뒤로 서는 것을 말한다.

사이드 바이 사이드 Side by side
복식 경기의 대형 중 하나다. 주로 수비할 때 두 선수가 나란히 서는 것을 말한다.

하프 코트 샷 Half court shot
코트 중간 부근, 사이드 라인 가까이에 떨어뜨리는 샷이다.

랠리 Rally
두 선수가 네트를 사이에 두고 셔틀콕을 계속 주고받는 것을 말한다.

홈 포지션 Home position
셔틀콕이 어느 방향에서 날아오든 효율적으로 처리할 수 있는 코트 위의 위치를 말한다.

센터 코트 Center court
코트의 정중앙이다. 복식 경기에서 두 선수 사이의 공간을 센터라고 부르기도 한다.

전위 Front court player
복식 경기에서 주로 코트 앞쪽(네트 근처)에서 뛰는 선수를 말한다.

후위 Back court player
복식 경기에서 주로 코트 뒤쪽에서 뛰는 선수를 말한다.

로테이션 Rotation
복식 경기에서 두 선수가 전후좌우로 서로 위치를 바꾸는 것을 말한다.

발을 움직인다
셔틀콕을 손으로만 쫓지 않고 받아칠 위치까지 발을 사용해 이동하는 것을 말한다.

발을 바꾼다
비스듬히 선 상태(오른손잡이는 오른발을 뒤에 둔다)에서 높이 날아오는 셔틀콕을 친 뒤에 발의 위치를 바꿔 다음 플레이를 준비하는 동작을 말한다.

풋워크 Foot work
빠르고 정확하게 받아치기 위해 코트에서 전후좌우로 움직이는 발동작을 말한다.

사이드 스텝 Side step
주로 좌우로 이동할 때 구사하는 스텝이다. 두 발을 같이 옆으로 움직이는 동작으로, 가까운 거리를 이동할 때 사용한다.

몸을 밀어 넣는다
빠르게 셔틀콕 낙하 지점으로 이동해 좋은 자세로 셔틀콕을 칠 수 있는 상태를 말한다.

셔틀콕 아래로 들어간다
발을 사용해 셔틀콕 낙하 지점으로 이동한 상태를 말한다.

셔틀콕을 떨어뜨린다
상대가 셔틀콕을 올려 치도록 네트 앞에 떨어뜨리는 것을 말한다.

터치 더 네트 Touch the net
경기 중에 신체 일부, 라켓, 옷 등이 네트에 닿는 반칙을 말한다.

제 **1** 장

기본기 연습

스윙은 배드민턴의 기본으로, 온몸의 힘을 셔틀콕에 싣는 것이 이상적이다.
강력한 스윙을 할 수 있도록 꾸준히 연습하자.

MENU 001 [기술 해설] 오버헤드 스트로크

단계 초급
횟수 30회 3~5세트

① 준비 자세를 취한다

몸에 힘을 푼다

☑ **CHECK!**
몸에 힘을 풀고 시작하는 것이 좋다. 연습해도 잘되지 않는다면, 힘을 뺐다가 스윙할 때 힘을 주는 감각을 익히자.

② 오른발에 무게 중심을 놓고 비스듬히 선다

왼손을 얼굴 앞에 둔다

무게 중심

☑ **CHECK!**
팔만 휘두르지 말고 허리에 힘을 준 채 하체를 사용해 라켓을 휘두를 준비를 한다. 왼쪽 팔꿈치가 내려오지 않도록 주의한다.

조언

셔틀콕을 치지 않는 스윙 연습이지만 실전처럼 하는 것이 좋다. 시합에서는 네트 앞에서 빠른 속도로 셔틀콕을 주고받을 때도 있고, 좋은 자세로 치기보다는 움직이면서 칠 때가 많다. 따라서 몸에 너무 힘을 주지 말고, 준비 동작(테이크 백)이 짧고 간결한 스윙도 연습한다. 꾸준한 연습으로 기본기를 제대로 익히자.

목표 스매시나 클리어 등을 구사할 때의 스윙이다. 실제로 셔틀콕을 치지 않더라도 라켓에 셔틀콕을 맞힌다는 느낌으로 휘두르는 것이 중요하다. 높게 날아오는 셔틀콕을 내리친다는 느낌으로 휘두르자. 스윙 연습을 하면 자신의 자세가 올바른지 확인할 수 있고 피지컬 트레이닝도 되므로 상급자라도 꾸준히 하는 것이 좋다.

③ 라켓을 위에서 아래로 내리친다

왼손은 가슴 높이에 둔다

☑ **CHECK!**
셔틀콕 낙하 지점으로 이동한 뒤 팔과 하체를 사용해 라켓을 휘두른다.

④ 힘껏 휘두른다

몸의 중심을 이동시킨다

앞발

☑ **CHECK!**
뒷발에서 앞발로 체중을 이동시킨다. 라켓을 힘껏 휘두른 다음 준비 자세로 돌아가는 것까지가 1세트다.

지도자 MEMO

스윙 연습을 할 때는 다양한 상황을 머릿속으로 그리는 것이 중요하다. 연습이나 시합에서 선수가 제대로 하지 못했거나 확인하고 싶은 동작이 있다면 적극적으로 연습시키자. 연습 장면을 영상으로 남기면 나중에 선수 자신이 느끼는 움직임과 실제 움직임의 차이를 발견할 수 있다.

기술 해설

포핸드 언더핸드 스트로크

단계 초급
횟수 30회 3~5세트

목표 아래로 떨어지는 셔틀콕을 위로 올려 치는 스윙이다. 이 동작의 핵심은 발이다. 무릎으로 컨트롤한다는 느낌을 갖고, 셔틀콕이 날아오는 방향으로 발을 내디뎌 라켓을 휘두르자. 초급자는 팔꿈치부터 손끝까지 전체를 사용해 라켓을 크게 휘두를 수 있도록 연습한다.

① 날아오는 셔틀콕을 보며 준비 자세를 취한다

② 셔틀콕이 날아오는 방향으로 오른발을 내디딘다

③ 어디로 보낼지 생각하면서 라켓을 휘두른다

왼손으로 균형을 잡는다

무릎을 사용한다

기술 해설

백핸드 언더핸드 스트로크

단계 초급
횟수 30회 3~5세트

목표 하체 움직임은 포핸드 언더핸드 스트로크를 할 때와 같다. 다른 점은 손과 팔을 사용하는 방법이다. 백핸드 언더핸드 스트로크를 할 때는 엄지 힘으로 밀어내듯이 라켓을 휘둘러야 하므로 그립을 잡을 때 엄지를 반듯이 세우는 것이 좋다.

① 날아오는 셔틀콕을 보며 준비 자세를 취한다

② 엄지를 세워 그립을 잡고 오른발을 내디딘다

③ 엄지로 밀어내듯이 라켓을 휘두른다

MENU 004 · 기술 해설 — 포핸드 사이드암 스트로크

단계 초급
횟수 30회 3~5세트

목표 드라이브나 리시브를 할 때 사용하는 스윙이다. 옆으로 날아오는 셔틀콕을 치는 스트로크지만 완전히 옆보다는 약간 앞에서 친다는 느낌으로 라켓을 휘두른다. 팔만 휘두르지 말고 체중 이동도 확실히 해준다.

① 날아오는 셔틀콕을 보며 준비 자세를 취한다

② 셔틀콕이 날아오는 방향으로 오른발을 내디딘다

③ 셔틀콕을 친다는 느낌으로 라켓을 휘두른다

MENU 005 · 기술 해설 — 백핸드 사이드암 스트로크

단계 초급
횟수 30회 3~5세트

목표 백핸드 언더핸드 스트로크를 할 때와 마찬가지로 엄지를 세워 그립을 잡고 엄지로 밀어내듯이 라켓을 휘두른다. 드라이브와 같은 강한 샷에 대응하기 위해서라도 포핸드를 구사할 때처럼 오른발을 크게 내디딘다.

① 날아오는 셔틀콕을 보며 준비 자세를 취한다

② 셔틀콕이 날아오는 방향으로 오른발을 내디딘다

③ 엄지로 밀어내듯이 라켓을 휘두른다

MENU 006 [기초 동작] 셔틀콕 던지고 받기

단계 초급
횟수 10회 던지고 받기

목표: 스윙 속도를 높이거나 어깨를 푸는 데 효과적이다. 팔을 크게 휘둘러 던지다 보면 셔틀콕이 날아가는 궤도도 파악할 수 있다.

① 두 선수가 마주 보고 양쪽 사이드 라인에 선다

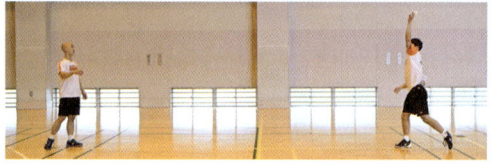

② 코르크 부분을 잡고 손목을 사용해 던진다

지도자 MEMO

처음에는 너무 무리하지 않고 셔틀콕을 던져도 닿을 만한 거리에서 실시하는 것이 좋다. 연습을 반복하며 점점 거리를 벌리자. 셔틀콕은 원하는 곳까지 잘 날아가지 않으므로 팔뿐만 아니라 몸 전체를 사용해 확실히 던져야 한다. 오버헤드 스트로크(24p)와 같은 궤도로 손목을 사용한다.

MENU 007 [기초 동작] 뒤로 물러서며 셔틀콕 잡기

단계 초급
횟수 10회

목표: 쇼트 서비스 라인에 서서 상대가 친 셔틀콕을 받아칠 자세를 취하며 왼손(오른손잡이인 경우)으로 셔틀콕을 잡는다. 빠르게 셔틀콕 낙하 지점으로 이동하기 위한 연습이다.

① 쇼트 서비스 라인에 서서 셔틀콕을 쳐준다

② 뒤로 물러서며 셔틀콕을 잡는다

셔틀콕을 받아칠 자세를 취한다

조언

뒤로 물러서며 날아오는 셔틀콕의 낙하 지점으로 이동한다. 셔틀콕을 그냥 잡기만 하는 것이 아니라 라켓으로 칠 자세를 취하며 잡는 것이 중요하다.

MENU 008 (기초 동작)

뒤로 물러서며 셔틀콕 던지기

단계　초급
횟수　3회 10세트

기본기 연습

목표 뒤로 물러서며 스윙하는 자세를 익힌다. 셔틀콕을 멀리 던질 수 있도록 자세를 제대로 잡고 스윙한다.

① 쇼트 서비스 라인에 셔틀콕 3개를 둔다

② 셔틀콕 1개를 잡고 백 바운더리 라인까지 뒷걸음질로 빠르게 이동한다

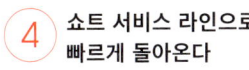

③ 스매시를 한다는 느낌으로 셔틀콕을 던진다

④ 쇼트 서비스 라인으로 빠르게 돌아온다

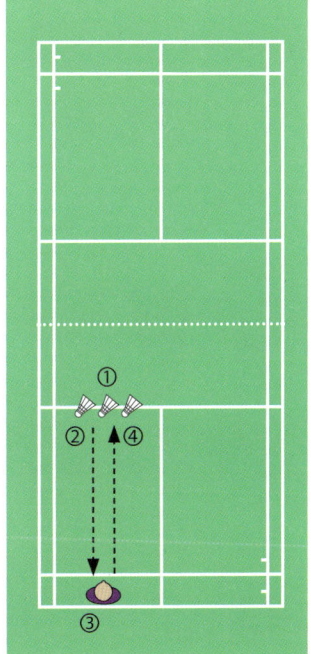

조언

라켓 없이 팔만 휘둘러 셔틀콕을 던져야 하므로 손목 사용법도 익힐 수 있다. 주의할 점은 다트처럼 팔로만 던져서는 안 된다는 것이다. 몸 전체를 사용하지 않으면 연습하는 의미가 없다. 팔을 크게 휘두르지 않으면 셔틀콕이 잘 날아가지 않으므로 스윙 폭이 작다면 스윙 자세를 교정하는 효과도 있다. 가능하면 네트를 넘길 정도로 멀리 보내는 것을 목표로 삼자. 그 정도로 던질 수 있다면 제대로 스윙하는 것이다. 점프한 뒤 착지할 때 다음 동작을 준비하며 앞뒤 발을 바꾸면 더욱 빨리 쇼트 서비스 라인으로 돌아올 수 있어 실전에 많은 도움이 된다.

단계	초급
횟수	30회 3~5세트

MENU 009 스윙 동작

벽 옆에서 스윙하기

목표 라켓을 옆으로 휘두르는 자세를 교정한다. 처음에는 갑갑할 수 있지만 정확한 자세를 익히는 데 효과적이다. 스윙할 때 벽에 부딪히지 않게 되면 서서히 속도를 올린다.

① 벽 옆에 서서 준비 자세를 취한다

② 비스듬히 선 자세로 허리에 힘을 주고 라켓을 휘두른다

③ 스윙할 때 무게 중심을 앞발로 이동시킨다

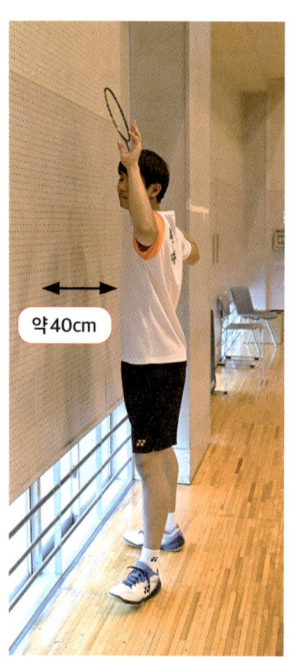

약 40cm

지도자 MEMO

처음에는 스윙 속도를 의식하지 말고 정확한 자세를 익히게 한다. 자세가 몸에 배면 그때부터 속도를 올린다. 배드민턴 라켓보다 무거운 테니스 라켓이나 스쿼시 라켓으로 연습하면 근력도 향상시킬 수 있다.

🚫 NG

벽에서 너무 떨어져 라켓을 휘두르면 안 된다. 그러면 라켓을 위에서 아래로 휘두르는 것이 아니라 옆으로 휘두르기 쉽다. 위에서 아래로 휘두른다면 40cm 정도만 떨어져도 충분하다.

MENU 010

(스윙 동작)

수건 치기

단계 초급
횟수 30회 3~5세트

목표 라켓에 셔틀콕을 맞추는 감각을 익힌다. 수건은 사람이 들고 있거나 천장이나 나무 등에 매달아 늘어뜨린다. 그다음 수건 높이에 맞춰 서거나 앉아서 라켓을 휘두른다.

1 라켓을 들고 팔을 뻗었을 때 닿는 위치에 수건을 늘어뜨린다

2 수건을 치는 순간에 힘을 준다는 느낌으로 라켓을 휘두른다

3 몸 전체를 사용해 스윙한다

☑ CHECK! 스윙이 정확한지 아닌지는 소리로 확인할 수 있다. 수건이 라켓에 정확하게 맞는다면 '팡' 하는 경쾌한 소리가 나고 제대로 맞지 않거나 힘을 주는 타이밍이 어긋나면 '퍽' 하는 둔탁한 소리가 난다.

MENU 011 **기초 동작** # 셔틀콕 튕기기

단계 초급
시간 2분

 목표 — 떨어지는 셔틀콕을 받아치는 감각을 익힌다. 축구공으로 리프팅을 하듯 라켓으로 셔틀콕을 튕긴다. 연습을 반복하다 보면 라켓 길이나 팔을 뻗었을 때 닿는 거리를 감각적으로 알게 된다.

⭐ **기술 포인트** 　**팔꿈치 사용법**

 ① 셔틀콕을 보면서 포핸드로 친다

② 백핸드로 친다

▶ 포핸드와 백핸드를 번갈아가며 2분 동안 친다.

☑ **CHECK!**

이 동작의 핵심은 팔꿈치다. 팔을 완전히 펴지 않은 상태에서 팔꿈치의 유연성을 이용해 셔틀콕을 튕긴다. 포핸드, 백핸드로 번갈아 치면 그립을 바꿔 잡는 연습도 되지만 초급자는 포핸드로만 해도 된다.

조언 🔊

위에서 날아오는 셔틀콕을 칠 때는 타이밍 맞추기가 쉽다. 반면, 아래로 떨어지는 셔틀콕은 받아치기 어려우므로 셔틀콕 튕기기로 감각을 익히자.

제 **2** 장
풋워크

배드민턴 경기를 보면 스윙 동작에 시선이 가기 쉽지만
정확하고 강력하며 끈질긴 플레이의 원천은 대부분 풋워크에 있다.
실전 상황을 염두에 두며 연습에 매진하자.

기술 해설(풋워크)

코트 앞뒤로 움직이기

단계 초급
횟수 5회 왕복 3세트

목표 풋워크 실력을 향상시킨다. 코트 안에서 앞뒤로 움직이다 보면 코트 길이를 감각적으로 알 수 있다.

★ 기술 포인트

뛰다가 멈추는 방법

☑ **CHECK!**
홈 포지션을 의식하면서 두 발로 디딘다.

① 백 바운더리 라인에 서서 네트 부근까지 뛰어간다

② 백 바운더리 라인까지 뒷걸음질로 빠르게 돌아온다

조언 🔊
이 동작을 반복하면 코트 길이를 감각적으로 알 수 있다.

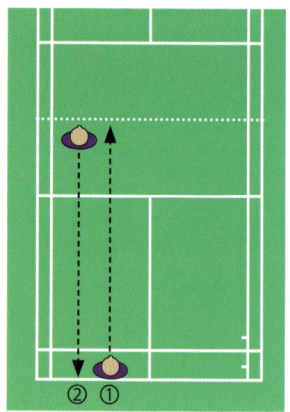

기술 해설(풋워크)

대각선으로 움직이기

단계 초급
횟수 5회 왕복 3세트

목표 상대가 대각선으로 셔틀콕을 치는 상황, 즉 뛰어가는 거리가 가장 긴 상황에 대비해 풋워크 실력을 향상시킨다. 뛰다가 멈출 때는 두 발로 디딘다.

지도자 MEMO

배드민턴은 셔틀콕이 바닥에 떨어지면 실점하는 스포츠이므로 셔틀콕 낙하 지점으로 빠르게 이동해야 한다. 아무리 스윙 기술이 좋아도 셔틀콕을 따라가지 못하면 소용없다. 반면, 낙하 지점으로 빠르게 이동하면 상대가 압박감을 느껴 유리한 랠리를 펼칠 수 있다.

① 코트 모서리에 서서 네트를 향해 대각선으로 뛰어간다

② 뒷걸음질로 빠르게 돌아온다

조언 🔊
코트가 길지 않으므로 처음부터 속도를 내서 뛴다.

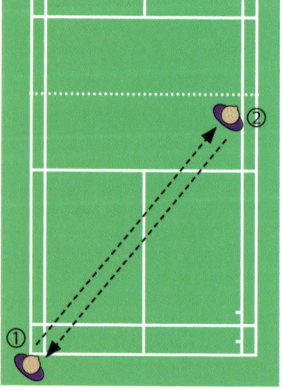

2 풋워크

MENU 014	기술 해설(풋워크)	단계 초급
	N자로 움직이기	횟수 5회 왕복 3세트

 목표 메뉴 012와 013을 조합한 것이다. 배드민턴은 생각보다 운동량이 많고 운동 강도도 높다. 뛰는 거리를 늘리면 체력을 강화하는 효과도 있다.

1. 왼쪽 백 바운더리 라인에 서서 네트를 향해 똑바로 뛰어간다
2. 오른쪽 백 바운더리 라인까지 뒷걸음질로 빠르게 이동한다
3. 네트를 향해 똑바로 뛰어간다
4. 왼쪽 백 바운더리 라인까지 뒷걸음질로 빠르게 돌아온다

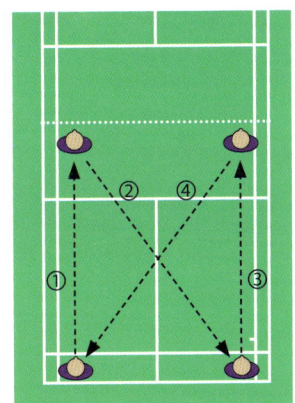

 조언 각각의 동작이 끝날 때마다 두 발로 디디는 것이 중요하다. 몸이 피곤해지면 동작을 대충하기 쉬운데 끝까지 제대로 해야 한다.

MENU 015	기술 해설(풋워크)	단계 초급
	백 바운더리 라인을 이용해 발 바꾸기	횟수 20회 3~5세트

 목표 발의 위치를 원활하게 바꾼다. 상체와 하체의 움직임, 무게 중심 이동을 의식하며 리듬감 있게 연습하자. 동작을 반복하다 보면 리듬감이 몸에 배게 된다. 라켓을 들고 해도 좋다.

1. 백 바운더리 라인과 롱 서비스 라인에 걸쳐 선다
2. 스윙 동작에 맞춰 점프한다
3. 스윙이 끝남과 동시에 두 발의 위치를 바꾼다

MENU 016 〔기술 해설(풋워크)〕 V자로 움직이기

단계 초급
횟수 5회 왕복 3세트

목표 라켓을 휘두르기 전, 네트 앞에서의 풋워크를 향상시킨다. 스텝을 짧게 밟으며 뒤꿈치부터 착지시킨다는 느낌으로 오른발을 강하게 디디고 오른손으로 셔틀콕을 잡는다.

★ 기술 포인트
오른손으로 잡는다

▶ 코트 왼쪽 앞에 셔틀콕 5개를 나란히 놓는다.

① 코트 왼쪽 앞에 놓인 셔틀콕을 잡는다
② 코트 중앙으로 돌아온다
③ 코트 오른쪽 앞에 셔틀콕을 놓는다

▶ 코트 중앙에서 시작하고 다음 동작을 하기 전에 반드시 중앙으로 돌아온다.

☑ **CHECK!**
실전 감각을 기르려면 마지막에는 반드시 오른발을 내디뎌야 한다. 셔틀콕도 오른손으로 잡는다(오른손잡이 기준).

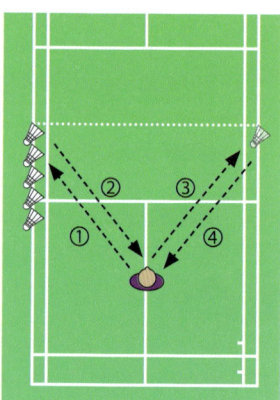

MENU 017 〔기술 해설(풋워크)〕 좌우로 움직이기

단계 초급
횟수 5회 왕복 3세트

목표 사이드 라인 쪽으로 날아오는 스매시에 대응하기 위한 연습이다. 셔틀콕을 잡으면 다음 공격에 대비해 빠르게 중앙으로 돌아와 준비 자세를 취한 뒤 반대쪽 사이드 라인으로 이동한다.

① 중앙에서 사이드 스텝을 밟으며 왼쪽으로 이동한다
② 사이드 라인에 놓인 셔틀콕을 잡고 중앙으로 돌아온다
③ 사이드 스텝을 밟으며 오른쪽으로 이동해 셔틀콕을 놓는다
④ 중앙으로 돌아온다

▶ 왼쪽 사이드 라인에 셔틀콕 5개를 나란히 놓는다.

지도자 MEMO
대충 놓으면 셔틀콕이 쓰러지므로 발을 확실히 디뎌 안정된 자세로 세워놓아야 한다.

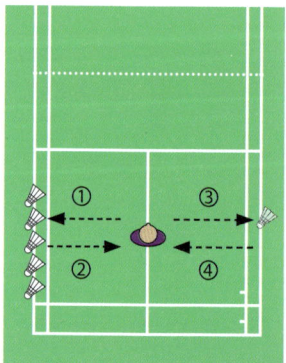

MENU 018	기술 해설(풋워크)	단계 초급

역 V자로 움직이기

목표 어깨 위로 날아오는 셔틀콕을 백핸드로 받아칠 때 사용하는 스텝을 익힌다. 코트 모서리로 이동할 때는 몸의 방향을 빠르게 전환해야 한다.

▶ 코트 오른쪽 뒤에 셔틀콕 5개를 놓는다.

① 중앙에서 준비 자세를 취한다

② 대각선으로 스텝을 밟으며 오른쪽 코트 뒤로 이동한다

③ 오른발을 디디고 셔틀콕을 잡는다

④ 중앙으로 돌아와 준비 자세를 취한다

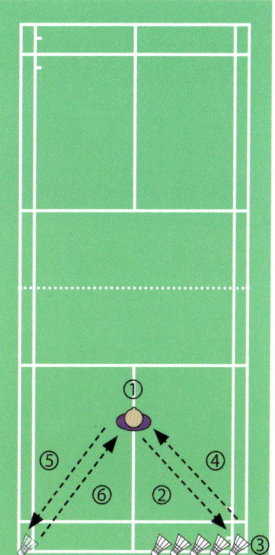

⑤ 왼쪽 코트 뒤로 이동해 셔틀콕을 놓는다

⑥ 중앙으로 돌아와 준비 자세를 취한다

지도자 MEMO

배드민턴 경기를 보면 스윙 동작에 시선이 가기 마련이지만 배드민턴에서 스윙이 차지하는 비중은 30퍼센트에 불과하다. 나머지 70퍼센트는 풋워크에 있다. 빠르게 발을 놀려 셔틀콕 낙하 지점으로 이동해 받아칠 준비를 하면 득점 가능성이 높아진다. 꾸준히 풋워크를 연습하면 끈질긴 선수가 될 수 있다. 민첩성과 근력을 기르는 데도 도움이 되므로 힘들어도 제대로 연습시키자.

MENU 019 〔기술 해설(풋워크)〕

랜덤으로 움직이기

단계 초급
횟수 40초 3~5세트

목표 시합에서의 움직임을 예측해 만든 메뉴이다. 5곳에 셔틀콕을 놓고 스텝을 밟으며 이동한다. 랜덤으로 셔틀콕을 잡고 중앙으로 돌아와 준비 자세를 취한 뒤 빈 곳에 셔틀콕을 놓는다. 이 동작을 40초 동안 반복한다.

▶ 중앙에서 시작한다.

1. 5곳에 놓인 셔틀콕 중 하나를 잡는다
2. 중앙으로 돌아온다
3. 빈 곳에 셔틀콕을 놓는다
4. 중앙으로 돌아온다

▶ 40초 동안 몇 개를 잡고 놓을 수 있을지 도전해보자.

※ 위의 선수는 왼손잡이다.

⊘ NG

상체가 너무 앞으로 기울면 발을 제대로 디딜 수 없다. 빠르게만 하려다 보면 이런 자세가 되기 쉬운데, 힘들더라도 각각의 동작을 대충하지 말고 정확히 하자. 연습을 반복하면서 서서히 속도를 올린다.

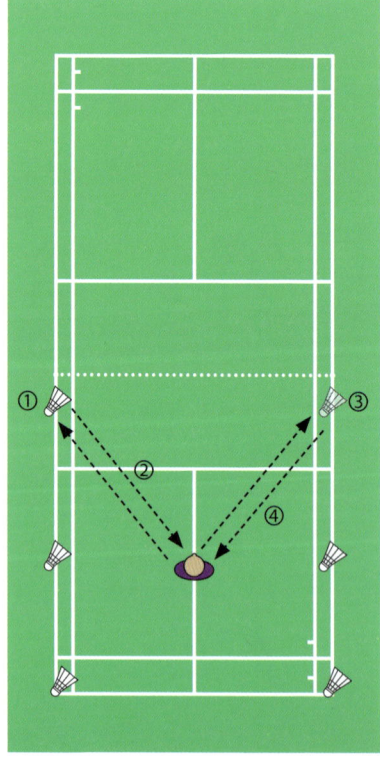

조언

어떤 셔틀콕을 잡든 상관없다. 다만, 실전에서는 셔틀콕이 오른쪽으로 떨어질지, 왼쪽으로 떨어질지 등 상대의 공격을 예측하는 것이 중요하므로 '셔틀콕이 너무 짧게 오네', '이번에는 사이드 라인 쪽으로 가네'라고 생각하며 시합을 벌이고 있다고 상상하자. 소리 내서 말하며 움직여도 좋다. 생각을 하지 않으면 더 빠르게 움직일 수 있겠지만 그러면 연습하는 의미가 없다. 잘 안되는 동작을 파악하는 것도 중요하다.

MENU 020

(기술 해설(풋워크))

지시대로 움직이기

단계 초급
횟수 20회 3~5세트

목표 이번에는 라켓을 들고 연습한다. 지시자의 말을 따라 6개 방향으로 움직인다. 시합이라고 생각하며 민첩하게 이동하자.

▶ 6개 방향이란 코트 오른쪽 앞, 왼쪽 앞, 오른쪽 뒤, 왼쪽 뒤, 오른쪽 사이드, 왼쪽 사이드를 말한다.

 움직일 방향을 지시자가 라켓으로 가리킨다

 지시에 따라 움직이며 라켓을 휘두른다

지도자 MEMO

메뉴 020은 섀도복싱처럼 상대가 네트 너머에 있다고 생각하며 연습하면 된다. 중요한 점은 코트 밖에서 볼 때 상대의 공격을 어떤 샷으로 받아치려는 것인지 의도가 명확히 보여야 한다는 것이다. 익숙해지면 방향뿐만 아니라 셔틀콕의 높이나 속도 등 세세한 부분까지 지시하도록 한다.

MENU 021

(기술 해설(풋워크))

지시 반대 방향으로 움직이기

단계 초급
횟수 20회 3~5세트

목표 지시자가 가리킨 방향과 반대로 움직이며 라켓을 휘두른다. 허를 찌르는 샷이 날아올 때를 대비한 연습이다.

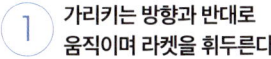 가리키는 방향과 반대로 움직이며 라켓을 휘두른다

 중앙으로 돌아와 다음 지시를 따른다

지도자 MEMO

메뉴 020과 021은 지시하는 사람도 중요하다. 선수가 중앙으로 돌아오기 직전에 지시를 하기도 하여 당황스럽게 만들어보자. 실전에서는 스텝을 밟으며 상대의 공격을 예측할 때도 있지만, 예상하지 못한 지시를 해서 변칙적인 플레이에 익숙해지도록 하는 것도 중요하다.

MENU 022 　기술 해설(풋워크)

상대를 미러링하기

단계 초급
횟수 20회 3~5세트

목표 　두 선수가 짝을 지어 연습한다. 한 선수는 6개의 방향 중 하나를 선택해 공격한다. 다른 한 선수는 먼저 공격하는 선수의 움직임을 똑같이 따라 한다. 풋워크 실력을 향상시키는 연습이지만, 선공하는 쪽은 상대를 공략하는 방법을 배울 수 있고 후공하는 쪽은 판단력을 기를 수 있다.

① 선공하는 선수가 6개 방향(메뉴 020 참고) 중 하나를 선택해 움직인다

② 후공하는 선수는 선공하는 선수의 움직임을 똑같이 따라 한다

★ 기술 포인트

반드시 중앙으로 돌아온다

지도자 MEMO

판단력을 기르는 데 상대를 미러링하는 것만큼 좋은 방법은 없다. 후공하는 선수는 선공하는 선수의 동작을 잘 지켜보면서 어떤 움직임을 보일지 빠르게 판단하고 따라 한다. 선공하는 선수가 후공하는 선수보다 실력이 좋으면 연습 효과가 더 커진다.

조언

한 동작이 끝나면 두 선수 모두 중앙으로 돌아와야 한다. 후공하는 선수는 움직이면서 상대의 동작을 파악할 필요가 있다. 실제 시합에서도 상대의 위치나 자세를 보고 어떤 공격을 할지 파악하면 랠리에서 유리해진다.

제**3**장

커트

커트는 상대의 발을 묶고 자세를 무너뜨려 득점으로 연결 짓는 기술이다.
서두르지 말고 꾸준히 연습해 정확한 자세를 익히자.

MENU 023
기술 해설(셔틀콕 쳐주기)

포사이드 뒤쪽에서 커트 연습하기

단계 초급
횟수 10회 3~5세트

목표 커트는 배드민턴의 기본 샷 중 하나로 머리 위로 날아오는 셔틀콕을 비껴 치는 기술이다. 뒷발에 무게 중심을 두고 준비 자세를 취한 뒤 셔틀콕을 친 다음 발의 위치를 바꿔 중앙으로 돌아온다. 기본 동작이 몸에 익을 때까지 꾸준히 연습하자.

① 중앙에 놓인 의자에 라켓을 댄다

② 포사이드(코트 오른쪽) 뒤쪽으로 이동해 높게 날아오는 셔틀콕을 비껴 친다

③ 중앙으로 돌아와 의자에 라켓을 댄다

의자에 라켓을 댄다

노커(Knocker, 셔틀콕 쳐주는 사람)

조언

노커는 셔틀콕을 천천히, 높게 보내고 선수는 낙하 지점으로 이동해 셔틀콕을 몸 앞에 두고 치는 감각을 익힌다. 동작이 익숙해지면 셔틀콕의 속도와 높이를 달리해서 연습하자. 셔틀콕을 친 뒤에는 반드시 중앙으로 돌아온다.

MENU 024 기술 해설 (셔틀콕 쳐주기)

백사이드 뒤쪽에서 커트 연습하기

단계 초급
횟수 10회 3~5세트

목표 초급자가 어려워하는 기술 중 하나지만 백사이드 뒤쪽으로 움직여 포핸드 커트하는 것을 꾸준히 연습하면 빠르게 실력을 향상시킬 수 있다. 민첩하게 발을 움직여 낙하 지점으로 이동한 뒤 셔틀콕을 몸 앞에 두고 정확하게 치는 동작을 익히자.

① 중앙에 놓인 의자에 라켓을 댄다

② 백사이드(코트 왼쪽) 뒤쪽으로 이동해 포핸드 커트를 한다

☑ **CHECK!** 의자에 라켓을 댄 뒤 몸의 방향을 바꿔 백사이드 뒤쪽으로 이동할 준비를 한다.

☑ **CHECK!** 타점이 몸 뒤에 있으면 셔틀콕을 치기 어려우므로 빠르게 낙하 지점으로 이동한다.

③ 중앙으로 돌아와 의자에 라켓을 댄다

의자에 라켓을 댄다

☑ **CHECK!** 셔틀콕을 친 뒤 몸의 균형이 흐트러지지 않도록 하고, 왼발로 강하게 바닥을 밀며 중앙으로 빠르게 돌아온다.

지도자 MEMO

노커가 천천히, 높게 보내는 셔틀콕을 직선 방향으로 받아치는 것부터 시작한다. 셔틀콕을 확실히 네트 너머로 칠 수 있게 되면 코트 앞, 뒤, 대각선 등 다양한 방향으로 보내는 연습도 해본다. 셔틀콕이 어느 방향에서 날아오든 팔뿐만 아니라 몸 전체를 사용해 스윙해야 한다. 라켓 면을 비스듬히 해서 셔틀콕을 비껴 치는 기술은 '커트'고 셔틀콕을 부드럽게 쳐서 상대 네트 앞에 떨어뜨리는 기술은 '드롭'이다. 다양한 기술을 구사할 수 있도록 꾸준히 연습하자.

MENU 025	기술 해설(셔틀콕 쳐주기)	단계 초급
	# 역 V자로 움직이며 커트 연습하기	횟수 20회(좌우 10회씩) 3~5세트

목표 메뉴 023과 024를 번갈아 한다. 포사이드·백사이드 뒤쪽에서 스윙한 뒤에는 반드시 중앙으로 돌아온다. 쉼 없이 움직이면서도 셔틀콕을 정확하게 칠 수 있도록 연습하자.

1 중앙에 놓인 의자에 라켓을 댄다

☑ **CHECK!** 팔로만 치지 않도록 빠르게 셔틀콕 낙하 지점으로 이동할 준비를 한다.

2 포사이드 뒤쪽으로 이동해 셔틀콕을 비껴 친다

☑ **CHECK!** 셔틀콕을 몸 앞에 두고 스매시, 클리어를 할 때와 같은 자세로 치는 것이 이상적이다.

3 중앙으로 돌아와 의자에 라켓을 댄다

라켓을 댄다

몸의 방향을 바꿔 백사이드 뒤쪽으로 이동한다

☑ **CHECK!** 셔틀콕을 친 뒤 왼발로 강하게 바닥을 밀며 중앙으로 돌아온다.

4 백사이드 뒤쪽으로 이동해 포핸드 커트를 한 뒤 빠르게 중앙으로 돌아온다

☑ **CHECK!** 낙하 지점으로 빠르게 이동해 셔틀콕을 몸 앞에 두고 친다.

기술 해설(셔틀콕 처주기)

MENU 026 포사이드 뒤쪽에서 크로스 커트 연습하기

단계 중급
횟수 20회 3~5세트

목표 상대의 발을 묶거나 자세를 무너뜨리고 싶을 때, 승부를 보거나 불리한 상황에서 벗어나고 싶을 때 구사하는 기술이 크로스 커트다. 스매시를 할 때와 같은 자세로 칠 수 있도록 반복해 연습하자.

1 라켓을 뒤로 뺀다

☑ **CHECK!**
상대를 당황하게 만들기 위해 강한 샷을 구사할 듯이 라켓을 뒤로 뺀다.

2 라켓에 셔틀콕을 맞춘다

☑ **CHECK!**
셔틀콕을 몸 앞에 두고 라켓 면을 비스듬히 만들어 비껴 친다.

3 라켓을 끝까지 휘두른다

☑ **CHECK!**
스윙이 약하면 셔틀콕의 속도가 떨어져 네트에 걸릴 수 있으니 강하게 하자.

조언 크로스 커트는 비거리가 길어야 하는 샷이다. 셔틀콕이 원하는 곳으로 가지 않는다면 발을 빠르게 움직여 셔틀콕을 몸 앞에 두고 밀어내듯이 쳐본다. 스윙 속도를 늦추지 말고 라켓을 끝까지 휘두르자. 스매시나 클리어를 할 때와 같은 자세로 치는 것이 이상적이다.

⭐ **기술 포인트** 크로스 커트 하는 방법

☑ **CHECK!**
라켓 면을 비스듬히 만들어 휘두른다.

☑ **CHECK!**
셔틀콕을 깎아내듯 비껴 친다.

MENU 027 | 기술 해설(셔틀콕 쳐주기) | 단계 상급 | 횟수 20회 3~5세트

리버스 커트 연습하기

1 라켓을 뒤로 뺀다

☑ **CHECK!**
셔틀콕 낙하 지점으로 이동해 뒷발에 체중을 싣고 스윙할 준비를 한다.

2 무게 중심을 이동시키며 라켓을 휘두른다

☑ **CHECK!**
스매시나 클리어를 할 때처럼 라켓을 휘두른다.

3 라켓 면을 바깥쪽으로 향하게 해서 라켓에 셔틀콕을 맞춘다

☑ **CHECK!**
임팩트 순간 라켓 면이 바깥쪽을 향하도록 유의한다.

지도자 MEMO

리버스 커트는 라켓을 휘두른 방향과 반대로 셔틀콕이 날아가는 샷이다. 임팩트 순간에 라켓 면을 살짝 덮듯이 기울이고 위팔을 비틀어 스윙한다. 밀어내듯이 비껴 친다고도 할 수 있지만 사람마다 느낌이 다르므로 많은 연습을 통해 각자의 방식으로 리버스 커트를 익히게 한다.

3 🔍 확대

라켓 면은 바깥쪽을 향한다

목표 셔틀콕이 스윙 방향과 반대로 날아가는 리버스 커트는 상대를 당황하게 만들 수 있고, 불리한 상황을 단번에 뒤집을 수 있는 기술이기도 하다. 상급자가 되어야 구사할 수 있는 샷이지만 꾸준히 연습하면 요령을 터득할 수 있다. 사람마다 셔틀콕을 치는 위치, 스윙 궤도, 몸 사용법 등이 다르므로 각자의 방식을 익힐 때까지 반복해 연습하자.

④ 셔틀콕을 비껴 친다

☑ **CHECK!**
라켓 면을 바깥쪽으로 향하게 한 채 셔틀콕을 비껴 친다.

⑤ 손등을 안쪽으로 향하게 한 채로 스윙한다

☑ **CHECK!**
셔틀콕을 치는 순간 손등은 안쪽을 향한다. 그 상태로 라켓을 휘두른다.

⑥ 라켓을 끝까지 휘두른다

☑ **CHECK!**
앞발로 무게 중심을 이동시킨다. 마지막까지 셔틀콕에 힘을 전달한다.

④ 🔍 확대

라켓 면은 바깥쪽 / 손등은 안쪽

⑤ 🔍 확대

손등은 안쪽 / 라켓 면은 바깥쪽

MENU 028

(셔틀콕 쳐주기)

X자(직선)로 움직이며 커트 연습하기

단계 초~중급
횟수 4곳 5번 돌기

목표 네트 앞에서는 셔틀콕 없이 라켓만 휘두르고 중앙으로 돌아온 뒤 뒤로 물러서며 커트를 한다. 코트 내 4곳을 이동하며 정확하게 셔틀콕을 친다. 네트 앞에서 라켓만 휘두르는 이유는 커트에 집중하기 위해서다.

⭐ **기술 포인트**  중앙에서 준비 자세를 취한다

① 포사이드 앞쪽에서 라켓만 휘두른다
② 포사이드 뒤쪽에서 커트를 한다
③ 백사이드 앞쪽에서 라켓만 휘두른다
④ 백사이드 뒤쪽에서 포핸드 커트를 한다

▶ 동작이 끝날 때마다 중앙으로 돌아와 준비 자세를 취한다.

☑ **CHECK!** 중앙에서 네트 앞으로 나온다. 셔틀콕 없이 라켓만 휘두르더라도 로브나 헤어핀 등을 구사하듯이 스윙한다.

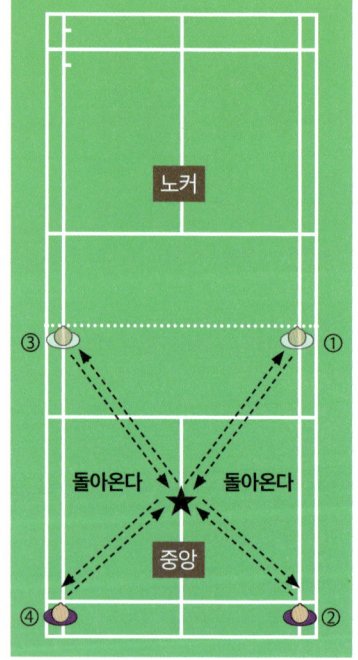

☑ **CHECK!** 다음 동작을 시작하기 전에는 반드시 중앙으로 돌아와 준비 자세를 취한다.

조언 🔈 앞에서 뒤로 가든, 뒤에서 앞으로 오든 반드시 중앙으로 돌아온다. 노커는 선수가 준비 자세를 취했는지 확인하고 셔틀콕을 보낸다.

☑ **CHECK!** 코트 뒤쪽에서 커트를 한 뒤 중앙으로 돌아와 준비 자세를 취한다.

MENU **029** 〔셔틀콕 쳐주기〕

X자(대각선)로 움직이며 커트 연습하기

단계 초~중급
횟수 4곳 5번 돌기

목표 메뉴 028이 중앙을 경유해 직선으로 움직였다면 메뉴 029는 중앙을 경유해 대각선으로 움직이며 커트를 구사한다. 동작이 끝날 때마다 반드시 중앙으로 돌아오고 발을 움직여 알맞은 위치로 이동한 뒤 스윙한다.

★ **기술 포인트** 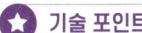 중앙에서 준비 자세를 취한다

① 포사이드 앞쪽에서 라켓만 휘두른다
② 백사이드 뒤쪽에서 포핸드 커트를 한다
③ 백사이드 앞쪽에서 라켓만 휘두른다
④ 포사이드 뒤쪽에서 커트를 한다

▶ 동작이 끝날 때마다 중앙으로 돌아와 준비 자세를 취한다.

☑ **CHECK!** 중앙에서 네트 앞으로 나온다. 셔틀콕 없이 헤어핀 동작을 취하더라도 로브보다 높은 위치에서 구사하는 것을 잊지 않는다.

☑ **CHECK!** 중앙으로 돌아온 뒤 몸의 방향을 바꿔 백사이드 뒤쪽으로 이동할 준비를 한다.

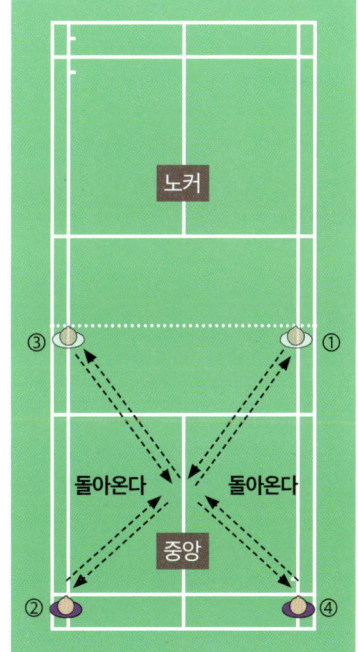

☑ **CHECK!** 백사이드 뒤쪽에서 셔틀콕을 칠 때는 빠르게 움직여 셔틀콕을 몸 앞에 두고 쳐야 함을 특히 유념한다.

조언 네트 앞에서 셔틀콕 없이 라켓만 휘두르더라도 시합이라고 생각하며 로브, 헤어핀, 푸시 등을 구사하듯이 스윙한다.

MENU 030 (셔틀콕 쳐주기)

자유롭게 커트 연습하기

단계 중급
횟수 20회 3~5세트

목표 셔틀콕이 어느 방향에서 날아올지 모를 때는 상대의 움직임을 잘 살펴보다가 라켓으로 셔틀콕을 친 순간에 즉시 반응한다. 발로 강하게 바닥을 밀며 민첩하게 움직이자.

1 랜덤하게 날아오는 셔틀콕을 커트로 받아친다

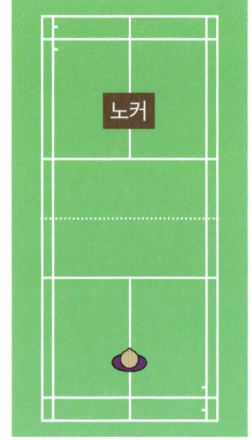

☑ **CHECK!**
노커를 지켜보다가 셔틀콕을 친 순간에 즉시 반응한다. 발로 바닥을 강하게 밀며 빠르게 낙하 지점으로 이동하자.

지도자 MEMO
1 대 1로 연습할 때는 선수의 실력에 맞게 셔틀콕을 보내준다. 노커는 선수가 연습을 통해 기술적으로 부족한 부분을 보완할 수 있도록 돕는다. 선수가 잘 구사하지 못하는 기술이 있다면 그 기술을 집중적으로 연습시킨다.

MENU 031 (2 대 1 연습)

스트레이트 로브를 커트와 크로스 커트로 받아치기

단계 중급
시간 5분

목표 공격적인 커트를 시도한다. 불리한 상황에서도 랠리를 이어가는 방법을 익히기 위해 커트와 크로스 커트를 해본다. 5분 동안 실수 없이 셔틀콕을 친다면 체력도 좋아진다.

1 세 선수가 2 대 1로 연습한다. 한 명은 커트를 하고 두 명은 리시브를 한다

두 명은 코트를 좌우로 나눠 반씩 책임지고 커트를 스트레이트 로브로 받아친다. 반대편에 있는 한 명은 커트를 하고 중앙으로 돌아온다. 셔틀콕을 어느 방향으로 보내든 상관없다.

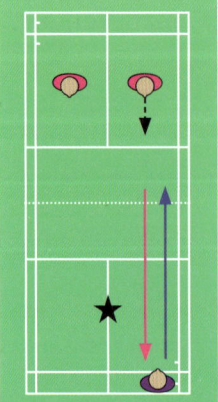

2 한 명은 크로스 커트를 하고 두 명은 스트레이트 로브로 받아친다

커트를 하는 한 명이 크로스 커트를 하면 두 명은 스트레이트 로브로 받아친다. 커트를 하는 한 명은 자신이 먼저 공격한다는 생각으로 크로스 커트를 하고 이동한다.

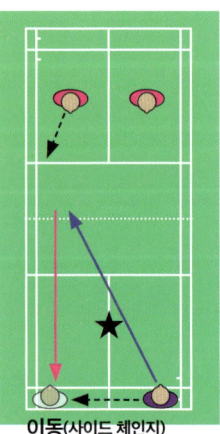

이동(사이드 체인지)

☑ **CHECK!** 두 명은 스트레이트 로브로만 받아친다.

제 **4** 장

클리어

클리어는 배드민턴의 기본 샷 중 하나다. 시합에서 클리어를 구사한다고 생각하며 셔틀콕을 코트 뒤쪽에서 상대 코트 뒤쪽까지 날려 보낼 수 있도록 연습하자.

MENU 032 〔기술 해설(셔틀콕 쳐주기)〕

단계 초급
횟수 10회 3~5세트

앞뒤로 움직이며 클리어 연습하기

목표 클리어는 코트 뒤쪽에서 상대 코트 뒤쪽까지 셔틀콕을 멀리 보내는 기술이다. 우선 코트에서 앞뒤로 움직이며 셔틀콕을 정확하게 칠 수 있도록 연습한다. 빠르게 낙하 지점으로 이동해 셔틀콕을 정확히 맞추자.

① 쇼트 서비스 라인 부근에 놓인 의자에 라켓을 댄다

② 뒤로 물러서며 상대 코트 뒤쪽으로 셔틀콕을 보낸다

☑ **CHECK!** 셔틀콕을 친 뒤에는 반드시 의자가 놓인 곳으로 돌아온다.

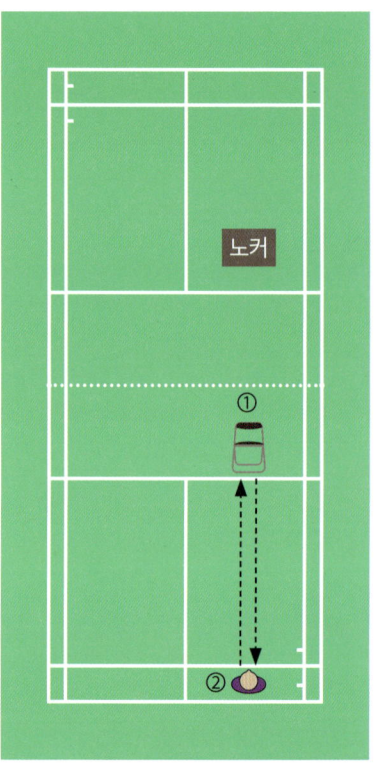

노커

⭐ 기술 포인트 〔발 위치 바꾸는 방법〕

몸을 비스듬히 해서 뒤로 물러서며 뒤쪽에 있는 오른발에 체중을 싣고 셔틀콕을 칠 준비를 한다.

셔틀콕을 치면서 두 발의 위치를 바꾼다. 타점은 몸 앞에 있어야 한다.

뒤에 있는 왼발로 강하게 바닥을 밀며 앞으로 나온다.

MENU 033 〔기술 해설(셔틀콕 쳐주기)〕

포사이드 뒤쪽에서 클리어 연습하기

단계 초급
횟수 10회 3~5세트

목표 중앙에서 포사이드 뒤쪽으로 이동해 셔틀콕을 상대 코트 뒤쪽으로 보낸다. 정확한 스윙을 위해 빠르게 움직여 셔틀콕을 몸 앞에 두고 치자.

1) 중앙에 놓인 의자에 라켓을 댄다

2) 포사이드 뒤쪽으로 이동해 클리어를 한 뒤 중앙으로 돌아온다

홈 포지션

MENU 034 〔기술 해설(셔틀콕 쳐주기)〕

백사이드 뒤쪽에서 클리어 연습하기

단계 초급
횟수 10회 3~5세트

목표 중앙에서 백사이드 뒤쪽으로 이동해 셔틀콕을 상대 코트 뒤쪽으로 보낸다. 초급자에게는 조금 어려운 기술이지만 발로 강하게 바닥을 밀며 셔틀콕 낙하 지점으로 빠르게 이동한 뒤 온몸을 사용해 라켓을 휘두른다.

1) 중앙에 놓인 의자에 라켓을 댄다

2) 백사이드 뒤쪽으로 이동해 포핸드 클리어를 한 뒤 중앙으로 돌아온다

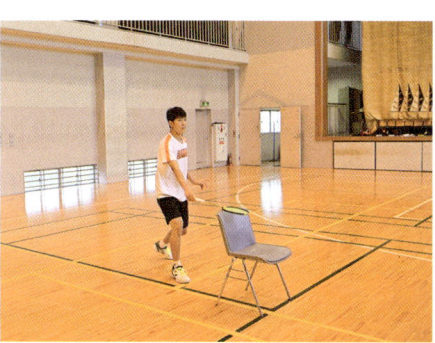

왼발로 강하게 바닥을 밀며 앞으로 나온다

MENU 035 기술 해설(셔틀콕 쳐주기)

역 V자로 움직이며 클리어 연습하기

단계 초급
횟수 20회(좌우 10회씩)
3~5세트

목표 중앙에서 역 V자 형태로 포사이드 뒤쪽과 백사이드 뒤쪽으로 움직이며 셔틀콕을 상대 코트 뒤쪽으로 보낸다. 계속 움직이면서 쳐야 하므로 라켓은 크게 휘두르지 않는다. 효율적으로 이동하고 강하게 스윙하자.

① 포사이드 뒤쪽으로 이동해 클리어를 한다

② 중앙으로 돌아와 의자에 라켓을 댄다

③ 백사이드 뒤쪽으로 이동해 포핸드 클리어를 한다

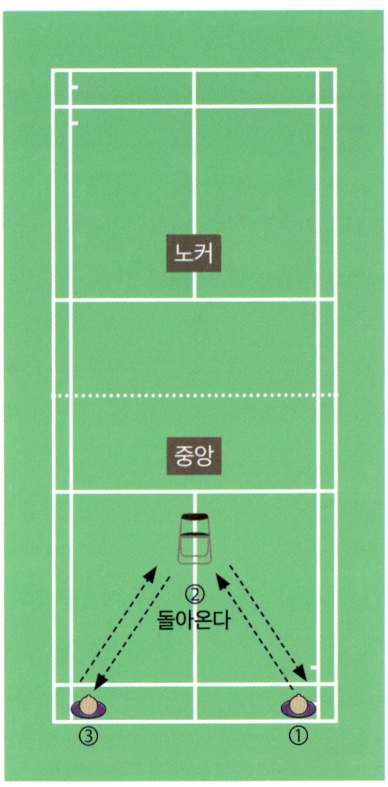

 조언

시합에서는 역 V자로 움직이며 20회 연속으로 클리어를 구사할 일이 거의 없겠지만, 이 연습은 체력을 키우는 데 효과적이다. 지치면 자세가 무너지기 쉬우므로 연습이 거듭될수록 특히 자세에 신경 써야 한다. 힘을 빼고 편하게 칠 수 있는 이상적인 폼을 익히자. 안정적인 자세로 치지 못할 때는 노커가 셔틀콕을 높게 보내주도록 한다.

MENU 036 (셔틀콕 쳐주기)

X자(직선)로 움직이며 클리어 연습하기

단계 초~중급
횟수 4곳 5번 돌기

목표 네트 앞에서는 셔틀콕 없이 라켓만 휘두르고 중앙으로 돌아온 뒤 코트 뒤쪽으로 이동해 클리어를 한다. 코트 내 4곳을 이동하며 셔틀콕을 친다. 쉼 없이 움직이면서도 안정된 자세를 유지하며 상대 코트 뒤쪽으로 셔틀콕을 날려 보내는 감각을 익힌다.

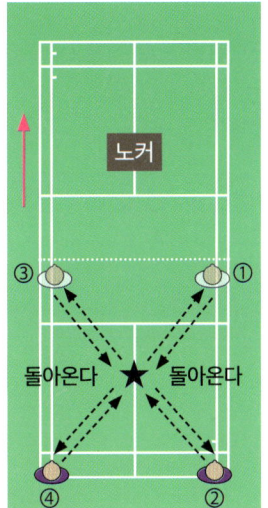

① **포사이드 앞쪽에서 라켓만 휘두른다**
중앙에서 포사이드 앞쪽으로 움직인다. 라켓만 휘두를 때도 로브나 헤어핀 등을 구사하듯이 스윙한다.

② **포사이드 뒤쪽에서 클리어를 한다**
중앙에서 준비 자세를 취한 뒤 포사이드 뒤쪽으로 이동해 클리어를 한다.

③ **백사이드 앞쪽에서 라켓만 휘두른다**
중앙으로 돌아와 준비 자세를 취한 뒤 백사이드 앞쪽으로 이동해 라켓만 휘두른다.

④ **백사이드 뒤쪽에서 포핸드 클리어를 한다**
중앙으로 돌아와 준비 자세를 취한 뒤 백사이드 뒤쪽으로 이동해 포핸드 클리어를 한다.

MENU 037 (셔틀콕 쳐주기)

X자(대각선)로 움직이며 클리어 연습하기

단계 초~중급
횟수 4곳 5번 돌기

목표 메뉴 036이 중앙을 경유해 직선으로 움직였다면 메뉴 037은 중앙을 경유해 대각선으로 움직이며 클리어를 구사한다. 몸의 방향을 빠르게 전환하는 것이 중요하다. 셔틀콕이 코트 깊숙한 곳으로 오더라도 잘 받아칠 수 있도록 연습한다.

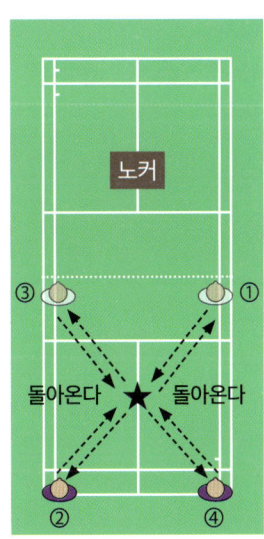

① **포사이드 앞쪽에서 라켓만 휘두른다**
② **백사이드 뒤쪽에서 포핸드 클리어를 한다**
③ **백사이드 앞쪽에서 라켓만 휘두른다**
④ **포사이드 뒤쪽에서 클리어를 한다**

지도자 MEMO

20회 정도 연속으로 이동하다 보면 중앙으로 돌아와야 한다는 사실을 잊는 선수도 있다. 단식 경기를 한다고 생각하며 동작이 끝날 때마다 반드시 중앙으로 돌아오게 하자. 클리어는 불리한 상황에서 시간을 벌고 싶을 때 사용한다. 안정된 자세로 정확하게 코트 뒤쪽으로 셔틀콕을 보내되 거리와 높이를 의식하며 쳐야 한다.

(셔틀콕 쳐주기)

단계 중급
횟수 20회 3~5세트

자유롭게 클리어 연습하기

목표 랜덤으로 날아오는 셔틀콕을 클리어로 받아친다. 셔틀콕을 친 뒤에는 중앙에 놓인 의자에 반드시 라켓을 댄다. 쉼 없이 움직이면서도 안정된 자세를 유지하며 원하는 곳으로 셔틀콕을 보내자.

★ 기술 포인트

포사이드 뒤쪽

① 코트 뒤쪽으로 날아오는 셔틀콕을 클리어로 받아친다
② 셔틀콕을 친 뒤 중앙에 놓인 의자에 라켓을 댄다

☑ **CHECK!** 수세에 몰린 상황에서 타점이 낮아지더라도 라켓을 끝까지 휘둘러 받아친다.

백사이드 뒤쪽

☑ **CHECK!** 스윙 타이밍을 맞추기 위해 빠르게 셔틀콕 낙하 지점으로 이동한다.

노커

반드시 라켓을 댄다

조언

노커는 선수가 중앙에 놓인 의자에 라켓을 댄 순간 바로 셔틀콕을 보내 실전 감각을 익히게 한다. 선수는 어떻게 하면 불리한 상황에서 벗어나 반격을 가할 수 있을지 등을 생각하며 다양한 방향으로 클리어를 구사한다. 크로스 클리어는 셔틀콕이 낮게 날아가지 않도록 특히 높이 조절에 유의해야 한다.

MENU 039 〔1대1 연습〕 스트레이트 클리어 연습하기

단계 초~중급
횟수 좌우 코트 5분씩

목표

1 대 1로 셔틀콕을 주고받을 때는 노커와 연습할 때보다 진행 속도가 빠르므로 셔틀콕을 친 뒤 재빨리 중앙으로 돌아와야 한다. 5분 동안 실수 없이 셔틀콕을 주고받다 보면 체력도 좋아진다.

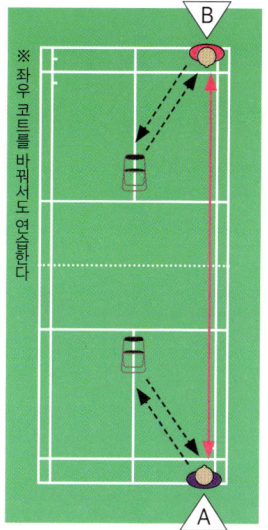

※ 좌우 코트를 바꿔서도 연습한다

(1) **중앙에 놓인 의자에 라켓을 대고 있다가 스트레이트 클리어를 주고받는다**

A는 포사이드 뒤쪽, B는 백사이드 뒤쪽으로 이동해 스트레이트 클리어를 한다. 좌우 코트를 바꿔서도 연습한다.

조언

1 대 1로 연습할 때는 노커가 셔틀콕을 쳐줄 때보다 코트가 어수선할 수 있다. 중앙으로 돌아올 시간을 만들려면 되도록 셔틀콕을 코트 뒤쪽으로 높게 보내자. 뒷발에서 앞발로 무게 중심을 이동시키며 셔틀콕을 친 뒤 그 반동을 이용해 중앙으로 돌아오는 감각을 익혀야 한다. 연습이 5분 동안 이어지지 않는다면 횟수를 정해 실수 없이 셔틀콕을 주고받도록 한다.

MENU 040 〔1대1 연습〕 크로스 클리어 연습하기

단계 중급
횟수 좌우 코트 5분씩

목표

크로스 클리어는 스트레이트 클리어보다 비거리가 길기 때문에 셔틀콕을 더 강하고 높게 쳐야 한다. 잘 사용하지는 않지만 불리한 상황을 단번에 뒤집을 수 있는 기술이므로 꼭 익히길 바란다.

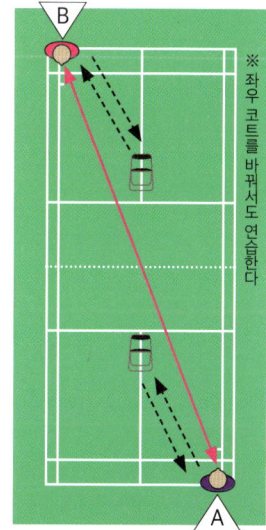

※ 좌우 코트를 바꿔서도 연습한다

(1) **중앙에 놓인 의자에 라켓을 대고 있다가 크로스 클리어를 주고받는다**

A, B 모두 포사이드 뒤쪽으로 이동해 크로스 클리어를 한다. 좌우 코트를 바꿔서도 연습한다.

조언

샷 중 비거리가 가장 긴 크로스 클리어를 잘못 구사하면 오히려 역공을 당할 수 있다. 셔틀콕을 높고, 멀리 보내기 위해 힘을 주면 오히려 자세가 무너지므로 항상 일정한 자세와 타점을 유지하며 칠 수 있도록 연습하자. 셔틀콕을 주고받으며 정확한 타점을 잡도록 한다.

MENU 041 — 1대 1 연습
스트레이트·크로스 클리어 연습하기

단계 중급
횟수 좌우 코트 5분씩

목표 한 명은 스트레이트 클리어만 하고 다른 한 명은 스트레이트 클리어와 크로스 클리어를 번갈아 한다. 셔틀콕을 주고받으며 크로스 클리어를 할 적절한 타이밍이 언제인지 파악하도록 한다.

① 스트레이트 클리어로 셔틀콕을 주고받는다

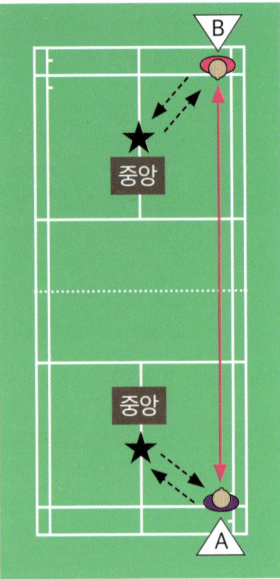

☑ **CHECK!** 1 대 1로 셔틀콕을 주고받은 뒤에는 반드시 중앙(★)으로 돌아온다.

② A가 크로스 클리어를 하면 B는 스트레이트 클리어로 받아친다

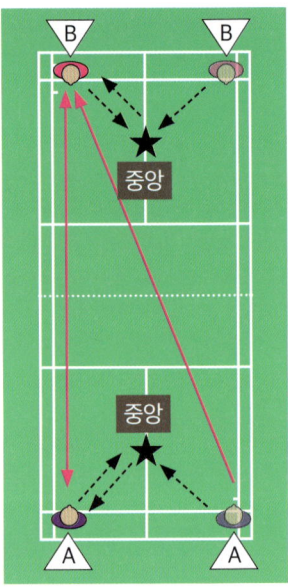

☑ **CHECK!** A가 셔틀콕을 크로스 클리어로 치면 B는 중앙을 경유해 좌우 위치를 바꿔 스트레이트 클리어로 받아친다.

조언

1 대 1로 셔틀콕을 주고받는 메뉴 041은 실전에 가까운 연습이다. 먼저 셔틀콕을 치는 A는 수세에 몰린 상황에서 크로스 클리어를 잘못 구사하면 오히려 역공을 당할 수 있다. 상황이 여의치 않을 때는 스트레이트 클리어를 구사해 셔틀콕을 멀리 보내고, 셔틀콕을 주고받으며 크로스 클리어를 할 적절한 타이밍을 잡도록 한다. B는 좌우로 날아오는 셔틀콕을 받아치며 스트레이트 클리어를 높고 깊으면서도 정확하게 구사하는 방법을 익힌다.

지도자 MEMO

A, B 모두 셔틀콕을 친 뒤에는 중앙으로 돌아와야 한다. 자세가 무너진 상태로 크로스 클리어를 하지는 않는지 주의 깊게 살펴보자. 한 선수가 거의 움직이지 않으면서 받아친다면 반대쪽에 있는 선수의 클리어 거리와 높이가 충분하지 않은 것일 수 있다. 코트 안에 있는 선수들은 셔틀콕의 높이를 파악하기 어려우므로 지도자가 이를 잘 살펴봐야 한다.

제 **5** 장

스매시

배드민턴의 꽃인 스매시는 가장 공격적인 기술이다. 라켓을 강하게 휘두르기 위해서는 빠르게 셔틀콕 낙하 지점으로 이동해야 한다는 사실을 잊지 말자.

MENU 042 기술 해설(셔틀콕 던지기)

네트 앞에서 스매시 연습하기

단계 초급
횟수 20회 3~5세트

목표 네트 앞에 서서 준비 자세를 취하고 천천히, 높게 던져준 셔틀콕을 내리친다. 날아오는 셔틀콕을 몸 앞에 두고 치는 감각을 익힌다.

① 라켓을 뒤로 뺀다

☑ **CHECK!**
날아오는 셔틀콕을 보며 힘을 뺀 채 라켓을 뒤로 뺀다.

② 라켓에 셔틀콕을 맞춘다

☑ **CHECK!**
클리어를 할 때보다 약간 앞에서 셔틀콕을 친다.

③ 라켓을 끝까지 휘두른다

☑ **CHECK!**
너무 힘을 줘 스윙 동작이 커지지 않도록 하고, 라켓을 빠르게 휘두른다.

★ **기술 포인트**

선 채로 셔틀콕을 친다

☑ **CHECK!** 스윙 자세를 익히기 위해 선 채로 라켓을 휘두른다. 날아오는 셔틀콕을 몸 앞에 두고 치는 연습을 한다.

조언
네트 부근에 높게 뜬 셔틀콕을 몸 앞에 두고 내리치는 감각을 익힌다. 라켓 면이 너무 바닥을 향하면 셔틀콕이 네트에 걸릴 수 있고, 너무 위를 향하면 라인을 벗어나 아웃이 될 수 있다. 연습을 통해 스매시를 할 적절한 타이밍과 위치를 익히도록 한다.

지도자 MEMO

스윙 자세를 가다듬는 것부터 시작한다. 초급자에게는 셔틀콕을 천천히, 높게 보낸다. 코르크 부분을 잡고 위로 던지면 선수가 치기 쉬운 궤도를 그린다. 셔틀콕 보관통 등 표적이 될 만한 물건을 바닥에 놓고 맞추는 연습을 해도 좋다. 그러면 연습 분위기도 한결 좋아진다.

MENU 043 　기술 해설(셔틀콕 던지기)

네트 앞에서 두 걸음 물러서며 스매시 연습하기

단계 초급
횟수 10회
　　　3~5세트

5 스매시

목표 　네트에 라켓을 대고 있다가 셔틀콕을 던져주면 두 걸음 물러서며 스매시를 한 뒤 네트 앞으로 돌아온다. 코트에서 앞뒤로 움직이며 셔틀콕을 강하게 때릴 수 있도록 연습하자.

① 네트에 라켓을 대고 있다가 두 걸음 물러선다

오른발에 체중을 싣는다

② 라켓을 휘두른다

두 발의 위치를 바꾼다

③ 셔틀콕을 친 뒤 네트 앞으로 나온다

왼발로 바닥을 민다

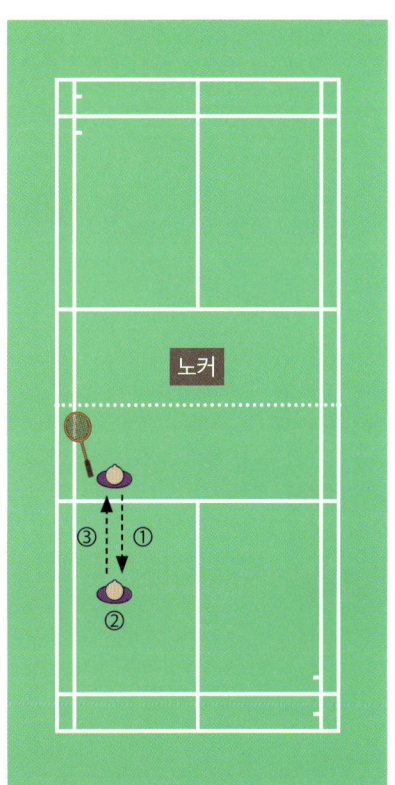

노커

조언 　네트 앞에서 뒤로 물러설 때는 눈뿐만 아니라 발로도 셔틀콕을 쫓아야 한다. 몸이 측면을 향한 자세를 유지한 채 발로 바닥을 밀며 뒤로 물러선다. 오른발에 체중을 실은 채 스매시를 하고, 두 발의 위치를 바꿔 왼발로 강하게 바닥을 밀고 앞으로 나온다. 정확한 스윙 자세를 익히는 것이 가장 중요하다.

MENU 044 〔기술 해설(셔틀콕 쳐주기)〕

포사이드 뒤쪽에서 스매시 연습하기

단계 초급
횟수 10회 3~5세트

목표 중앙에 놓인 의자에 라켓을 대고 있다가 포사이드 뒤쪽으로 이동해 스매시를 한다. 메뉴 043보다 큰 걸음으로 물러서며 셔틀콕을 강하게 때리는 감각을 익힌다.

① 의자에 라켓을 대고 있다가 포사이드 뒤쪽으로 움직인다
② 포사이드 뒤쪽에서 스매시를 한다
③ 두 발의 위치를 바꾸고 중앙으로 돌아온다

몸을 비스듬히 하며 뒤쪽으로 물러선다

의자

 MENU 045 〔기술 해설(셔틀콕 쳐주기)〕

백사이드 뒤쪽에서 스매시 연습하기

단계 초급
횟수 10회 3~5세트

목표 중앙에서 백사이드 뒤쪽으로 이동해 스매시를 한다. 타점이 뒤로 가지 않도록 빠르게 움직이자. 몸 전체를 사용해 라켓을 휘두르는 감각을 익힌다.

① 중앙에 놓인 의자에 라켓을 대고 있다가 백사이드 뒤쪽으로 움직인다
② 백사이드 뒤쪽에서 포핸드 스매시를 한다
③ 두 발의 위치를 바꾸고 중앙으로 돌아온다

의자

왼발로 바닥을 밀며 앞으로 나온다

| MENU 046 | 셔틀콕 쳐주기 **역 V자로 움직이며 스매시 연습하기** | 단계 초~중급 횟수 20회(좌우 10회씩) 3~5세트 |

목표
중앙에서 포사이드 뒤쪽과 백사이드 뒤쪽으로 이동하며 스매시를 한다. 폭넓게 움직이되 셔틀콕을 몸 옆이나 뒤에서 치지 않도록 타점은 반드시 몸 앞에 둔다.

★ 기술 포인트

① 포사이드 뒤쪽에서 스매시를 한다
② 중앙으로 돌아온다
③ 백사이드 뒤쪽에서 포핸드 스매시를 한다

백사이드 뒤쪽에서 스매시를 하는 요령

상대가 치는 샷에 반응한다

몸의 방향을 바꿔 백사이드 뒤쪽으로 이동할 준비를 한다

셔틀콕 낙하 지점으로 이동한다

타점을 몸의 대각선 앞에 둔다

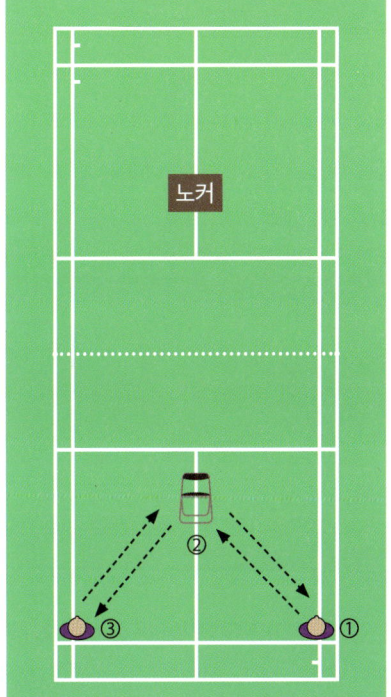

조언
좌우 코트에서 스매시를 한 뒤에는 반드시 중앙으로 돌아와야 한다. 스매시를 직선 방향으로 구사하다가 익숙해지면 대각선 방향으로도 해본다.

MENU 047	셔틀콕 쳐주기	단계 초~중급
		횟수 10회 3~5세트

포사이드 앞뒤로 움직이며 스매시 연습하기

목표 중앙에서 포사이드 앞쪽으로 이동해 셔틀콕 없이 라켓만 휘두른다. 중앙으로 돌아온 뒤 포사이드 뒤쪽으로 이동해 스매시를 한다. 네트 앞에서 라켓만 휘두르는 이유는 스매시에 집중하기 위해서다.

1 포사이드 앞쪽에서 셔틀콕 없이 라켓만 휘두른다

2 중앙으로 돌아와 준비 자세를 취한다

3 포사이드 뒤쪽으로 이동해 스매시를 한다

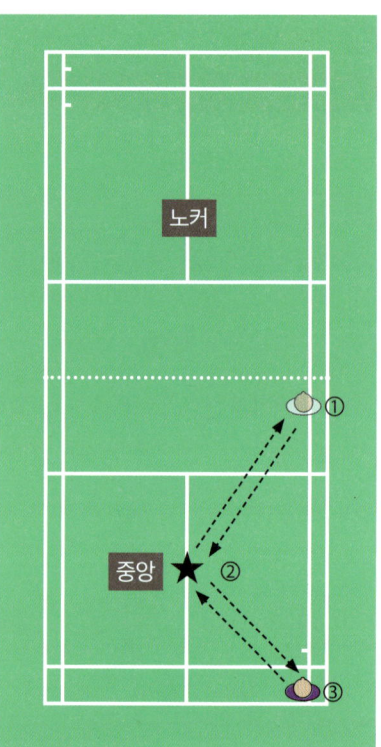

조언

네트 앞에서 라켓만 휘두를 때도 헤어핀, 로브 등을 구사하듯이 스윙한다. 헤어핀을 할 때는 네트 앞을 의식하면서 중앙으로 돌아온다. 로브를 할 때는 상대의 공격에 대비하며 뒤로 물러선다. 반드시 중앙으로 돌아와 준비 자세를 취한 뒤 스매시를 하자. 스매시는 승부를 내고자 온 힘을 다해 셔틀콕을 내리칠지, 상대를 압박할 목적으로 70퍼센트의 힘만 사용할지 등을 생각하며 구사한다.

셔틀콕 쳐주기

백사이드 앞뒤로 움직이며 스매시 연습하기

단계 초~중급
횟수 10회
3~5세트

스매시

목표
중앙에서 백사이드 앞쪽으로 이동해 셔틀콕 없이 라켓만 휘두른다. 중앙으로 돌아온 뒤 백사이드 뒤쪽으로 이동해 스매시를 한다. 재빨리 낙하 지점으로 움직여 셔틀콕을 몸 앞에 두고 치자. 중앙으로 돌아올 때는 왼발로 강하게 바닥을 민다.

★ 기술 포인트

셔틀콕 낙하 지점으로 이동해 라켓을 휘두른다

① 백사이드 앞쪽에서 라켓만 휘두른다
② 중앙으로 돌아와 준비 자세를 취한다
③ 백사이드 뒤쪽에서 포핸드 스매시를 한다

셔틀콕 낙하 지점으로 이동한다

임팩트 지점은 몸의 대각선 앞이다

강하게 라켓을 휘두른다

몸의 균형을 유지하며 앞으로 나온다

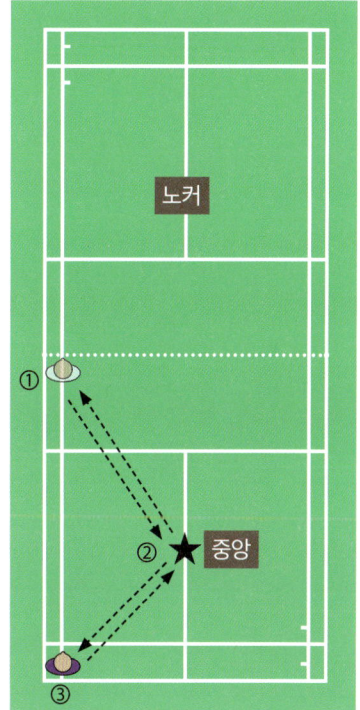

지도자 MEMO
백사이드 뒤쪽에서 포핸드 스매시를 하기는 쉽지 않으므로 자신감을 심어주는 것이 중요하다. 셔틀콕을 천천히, 깊게 보내 선수가 낙하 지점으로 이동할 시간을 만들어 주자.

셔틀콕 쳐주기

좌우로 움직이며 스매시 연습하기

단계 초~중급
횟수 20회(좌우 10회씩)
3~5세트

목표 중앙에 놓았던 의자를 치우고 빠르게 좌우로 움직이며 스매시를 한다. 의자가 없더라도 반드시 중앙으로 돌아와야 한다. 실수 없이 20회 연속으로 스매시를 구사한다면 체력도 좋아질 것이다.

① 포사이드 뒤쪽에서 스매시를 한다

② 중앙으로 돌아와 준비 자세를 취한다

③ 백사이드 뒤쪽에서 포핸드 스매시를 한다

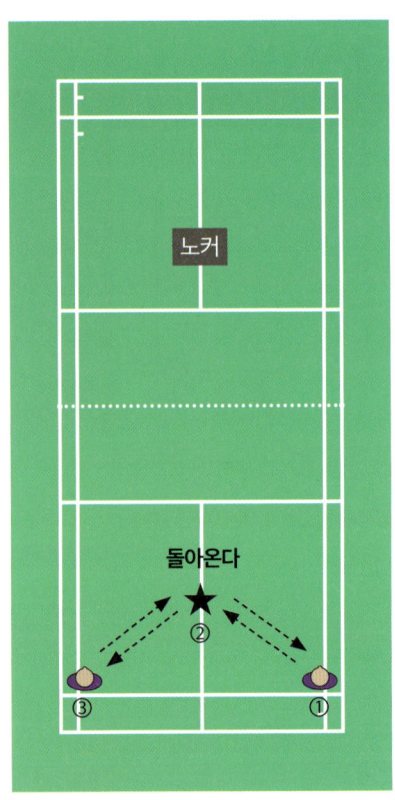

조언

의자를 없앤 만큼 빨리 움직일 수 있다. 사이드 스텝을 연습하는 것이 아니므로 반드시 중앙으로 돌아와야 한다. 실수 없이 20회 연속으로 스매시하는 것을 목표로 삼는다. 좌우로 움직이며 셔틀콕을 치는 동작에 익숙해지면 더 빨리 이동해 다양한 방향으로 스매시를 구사해보자.

MENU 050 기술 해설(셔틀콕 쳐주기)

사이드 온 점프 스매시 연습하기

단계	중급
횟수	10회(좌우 5회씩) 3~5세트

목표 어깨를 네트와 나란히 하듯이 서서 몸을 비스듬히 돌린 상태로 점프해 스매시하는 기술이다. 중앙보다 약간 뒤에 서서 좌우로 낮게 날아오는 셔틀콕을 뛰어올라 내리친다. 복식에서 후위를 담당한다고 생각하며 사이드 스텝이나 짧은 스텝을 밟아 빠르게 셔틀콕을 치자.

코트 오른쪽

① 코트 오른쪽에서 점프한다

☑ **CHECK!**
오른발로 바닥을 밀며 대각선 위로 점프한다.

② 포핸드 스매시를 한다

☑ **CHECK!**
왼손을 가슴 높이에 두고 셔틀콕을 친다.

③ 착지하고 다음 동작을 준비한다

☑ **CHECK!**
두 발의 위치를 바꾸지 않고 착지한다.

코트 왼쪽

④ 코트 왼쪽에서 점프한다

☑ **CHECK!**
왼발로 바닥을 밀며 대각선 위로 점프한다.

⑤ 포핸드 스매시를 한다

☑ **CHECK!**
자세가 흐트러지지 않도록 주의하며 셔틀콕을 친다.

⑥ 착지하고 다음 동작을 준비한다

☑ **CHECK!**
두 발의 위치를 바꾸지 않고 착지한다.

MENU 051	기술 해설(셔틀콕 쳐주기)	단계 상급

점프 스매시 연습하기

횟수 10회 3~5세트

앞에서 본 모습

1 셔틀콕 낙하 지점으로 이동한다

2 두 발로 점프한다

3 라켓을 뒤로 뺀다

옆에서 본 모습

☑ **CHECK!**
셔틀콕 낙하 지점으로 이동해 잠시 멈춰서 힘을 모으고 두 발로 점프할 준비를 한다.

☑ **CHECK!**
공중에서 두 무릎을 구부려 균형을 잡는다. 다만 의식적으로 구부릴 필요는 없다.

☑ **CHECK!**
견갑골을 모으듯이 가슴을 열고 라켓을 뒤로 뺀다.

배드민턴의 꽃이라고도 할 수 있는 점프 스매시는 공중에서 라켓을 휘둘러 셔틀콕을 치는 어려운 기술이다. 점프한 채로 치기 때문에 높은 타점에서 예리한 각도를 만들 수 있고 상대의 발을 묶는 효과도 있다. 공중에서 균형을 잃거나 셔틀콕 치는 타이밍이 어긋나지 않도록 꾸준히 연습하자.

④ 라켓에 셔틀콕을 맞춘다

☑ **CHECK!**
타점은 몸의 대각선 앞이다. 균형을 유지하며 셔틀콕을 친다.

⑤ 라켓을 휘두른다

☑ **CHECK!**
스윙이 끝날 때까지 왼손은 가슴 높이에 둔다.

⑥ 착지하고 앞으로 나온다

☑ **CHECK!**
균형을 잡은 채 착지한다. 왼발로 바닥을 밀며 앞으로 나온다.

(셔틀콕 쳐주기)

자유롭게 스매시 연습하기

단계 중급
횟수 20회 3~5세트

목표 랜덤으로 날아오는 셔틀콕을 스매시로 처리한다. 좋은 자세로 때릴 수 있도록 빠르게 셔틀콕 낙하 지점으로 이동하자. 자세가 흐트러졌을 때도 셔틀콕을 상대 코트로 보내는 요령을 익힌다.

★ 기술 포인트

온몸의 힘이 실린 스매시

☑ **CHECK!** 좋은 자세를 취할 수 있어 승부를 결정짓고 싶을 때는 온 힘을 다해 셔틀콕을 내리친다.

랠리를 위한 스매시

☑ **CHECK!** 자세가 좋지 않을 때는 일단 셔틀콕을 상대 코트로 보낸다.

① 코트 뒤쪽에서 셔틀콕을 내리친다

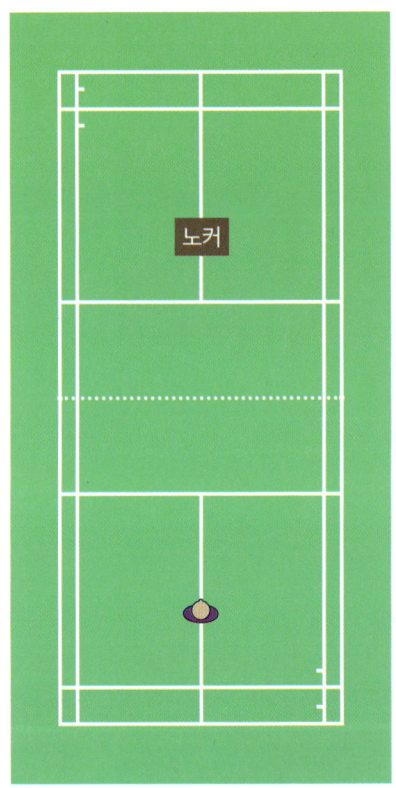

지도자 MEMO

노커는 선수의 실력에 맞게 셔틀콕의 속도와 높이, 방향을 조절한다. 시합에서 일어나는 다양한 상황을 상정해 의도적으로 짧게 보내거나 받아치기 쉽게 보내기도 하자. 목표는 실수 없이 20회 연속으로 스매시를 구사하는 것이다.

제 **6** 장
드라이브

드라이브는 랠리 상황에서 활용되는 기술이므로 어떤 상황에서도 실수 없이 치는 것이 중요하다. 간결하게 스윙하고 바로 다음 동작을 준비한다.

MENU 053 (기술 해설(셔틀콕 쳐주기))

포핸드 드라이브 연습하기

단계　초급
횟수　20회 3~5세트

목표 　드라이브는 네트 상단을 스칠 듯이 아슬아슬하게 셔틀콕을 넘기는 기술로 셔틀콕이 네트에 걸리지 않도록 주의한다. 처음에는 높아도 상관없으니 셔틀콕이 바닥과 평행한 궤도를 그리며 날아가도록 친다.

① 짧게 백스윙한다

② 셔틀콕을 몸 앞에 두고 간결하게 스윙한다

팔꿈치와 손목을 사용해 라켓을 휘두른다

MENU 054 (기술 해설(셔틀콕 쳐주기))

백핸드 드라이브 연습하기

단계　초급
횟수　20회 3~5세트

목표 　초급자가 어려워하는 기술 중 하나인 백핸드 드라이브를 구사할 때도 타점은 몸 앞에 두어야 한다. 엄지를 세워서 그립을 잡고 팔꿈치와 손목을 사용해 간결하게 셔틀콕을 친다. 할 수 있다는 자신감을 가지고 연습하자.

① 짧게 백스윙한다

엄지를 세우고 그립을 잡는다

② 셔틀콕이 수평으로 날아가도록 친다

타점은 몸 앞에 둔다

MENU 055 포핸드·백핸드 드라이브 연습하기

기술 해설(셔틀콕 쳐주기)

단계 초급
횟수 20회(좌우 10회씩) 3~5세트

목표 중앙에서 좌우로 움직이며 포핸드 드라이브와 백핸드 드라이브를 번갈아 구사한다. 라켓을 가볍게 쥐고 있다가 그립을 바꿔 잡고 임팩트 순간에 힘을 주어 간결하면서도 강하게 스윙한다.

1 포핸드 드라이브를 한다

☑ **CHECK!**
오른발을 내딛고 타점을 몸 앞에 둔다. 라켓 면이 위로 향하지 않도록 주의하며 셔틀콕을 친다.

2 백핸드 드라이브를 한다

☑ **CHECK!**
백핸드 드라이브도 타점은 몸 앞에 둔다. 오른발과 왼발 중 어느 발을 내디뎌도 셔틀콕을 칠 수 있도록 연습한다.

★ 기술 포인트 — 백핸드 그립 잡는 방법

☑ **CHECK!**
백핸드는 그립의 넓은 면에 엄지를 세워 대는 것이 기본이다. 준비 자세를 취할 때는 엄지 측면을 그립의 모서리에 대고 포핸드와 백핸드를 다 구사할 수 있도록 한다.

🔍 확대

☑ **CHECK!**
힘을 빼고 가볍게 그립을 잡고 있다가 셔틀콕을 맞추는 순간 꽉 쥔다.

셔틀콕 쳐주기

앞뒤(직선)로 움직이며 스매시와 드라이브 연습하기

단계 초~중급
횟수 4곳 5번 돌기
      3~5세트

 코트 뒤쪽에서 스매시를 하듯 라켓만 휘두르고 중앙을 경유해 좌우로 움직이며 드라이브를 한다. 시합이라고 가정하고 스매시 후 빠르게 앞으로 나가는 동작을 몸에 익힌다.

 기술 포인트

강하게 라켓을 휘두르고 중앙을 경유한다

① 포사이드 뒤쪽에서 라켓만 휘두른다
② 코트 오른쪽으로 이동해 포핸드 드라이브를 한다
③ 백사이드 뒤쪽에서 라켓만 휘두른다
④ 코트 왼쪽으로 이동해 백핸드 드라이브를 한다

▶ 동작이 끝날 때마다 중앙으로 돌아와 준비 자세를 취한다.

포사이드 뒤쪽에서 라켓만 휘두른다

☑ **CHECK!**
실제로 랠리를 펼친다고 생각하며 포사이드 뒤쪽과 백사이드 뒤쪽에서 셔틀콕 없이 스매시를 한다.

중앙에서 준비 자세를 취한다

☑ **CHECK!**
라켓을 휘두른 뒤에는 반드시 중앙으로 돌아와 준비 자세를 취한다.

포핸드 드라이브를 한다

☑ **CHECK!**
드라이브를 할 때는 셔틀콕을 코트 중간에 보낸다고 생각하며 네트에 걸리지 않도록 친다.

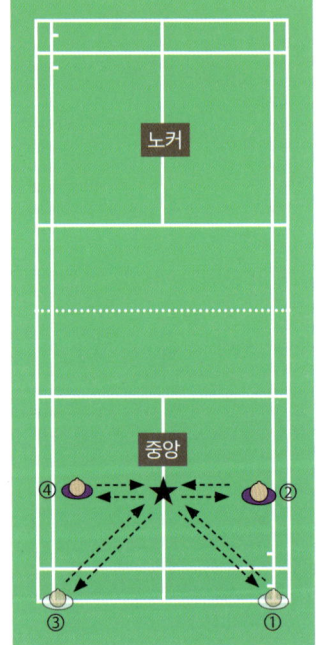

조언
드라이브는 랠리 상황에서 활용되는 기술이다. 좋은 자세로 셔틀콕을 칠 수 없을 때는 네트를 넘기는 것을 최우선으로 한다.

앞뒤(대각선)로 움직이며 스매시와 드라이브 연습하기

단계 초~중급
횟수 4곳 5번 돌기 3~5세트

> **목표** 코트 뒤쪽에서 스매시를 하듯 라켓만 휘두르고 중앙을 경유해 좌우로 움직이며 드라이브를 한다. 시합이라고 가정하고 반드시 중앙으로 돌아와 준비 자세를 취한다.

 기술 포인트

 중앙을 경유해야 하므로 빠르게 움직인다

① 포사이드 뒤쪽에서 라켓만 휘두른다
② 코트 왼쪽으로 이동해 백핸드 드라이브를 한다
③ 백사이드 뒤쪽에서 라켓만 휘두른다
④ 코트 오른쪽으로 이동해 포핸드 드라이브를 한다

▶ 동작이 끝날 때마다 중앙으로 돌아와 준비 자세를 취한다.

포사이드 뒤쪽에서 라켓만 휘두른다

☑ **CHECK!**
스매시를 하듯 라켓만 휘두른다. 점프 후 착지할 때는 두 발의 위치를 바꾸고 왼발로 바닥을 밀어 앞으로 나온다.

중앙에서 준비 자세를 취한다

☑ **CHECK!**
대각선 방향으로 이동할 경우 중앙을 그냥 지나치기 쉬운데 잠시 발을 멈추고 준비 자세를 취한 뒤 이동한다.

백핸드 드라이브를 한다

☑ **CHECK!**
중앙에서 코트 왼쪽으로 빠르게 움직여 셔틀콕을 몸 앞에 두고 친다.

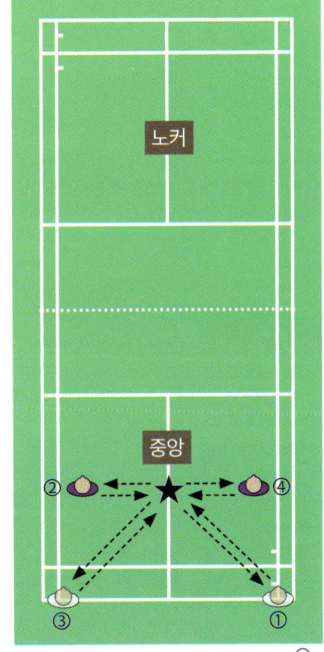

▶ **조언**
노커도 시합이라고 생각하며 셔틀콕을 쳐준다. 선수가 중앙으로 돌아온 순간 오른발을 한 발 내디디며 닿을 수 있는 위치에 셔틀콕을 보낸다.

MENU 058

(셔틀콕 쳐주기)

자유롭게 드라이브 연습하기

단계 중급
횟수 20회 3~5세트

목표 랜덤으로 날아오는 셔틀콕을 실수 없이 받아친다. 팔로만 치지 않도록 발을 사용해 셔틀콕 낙하 지점으로 이동한다. 시합이라고 생각하며 반드시 중앙으로 돌아온다.

① 빠르게 셔틀콕 낙하 지점으로 이동해 드라이브를 한다

☑ **CHECK!** 포핸드 쪽으로 오는 셔틀콕은 팔을 뻗으면 라켓에 닿기도 하지만 빠르게 움직여 몸 앞에 두고 치도록 한다.

② 중앙으로 돌아와 준비 자세를 취한다

☑ **CHECK!** 셔틀콕을 친 뒤 바로 중앙으로 돌아와 다음 플레이를 준비한다.

★ 기술 포인트

백핸드 드라이브의 두 가지 착지 방법

오른발을 내디딘다

☑ **CHECK!** 일반적으로는 몸을 돌려 오른발을 내디디며 친다.

왼발을 내디딘다

☑ **CHECK!** 셔틀콕이 가까이 있거나 몸을 돌릴 시간이 없을 때는 왼발을 내디딘다.

1대1 연습

포핸드 드라이브 대 백핸드 드라이브(1 대 1)

단계 초~중급
시간 좌우 코트 5분씩

목표 코트 한쪽 면에서 포핸드·백핸드 드라이브를 한다. 셔틀콕을 주고받으며 직선 방향으로 보낼 수 있도록 연습한다. 서로 집중해 5분 동안 실수 없이 치는 것을 목표로 한다.

1. 코트 한쪽 면에서 마주보고 선다
2. 포핸드·백핸드 드라이브를 직선 방향으로 주고받는다. 좌우 코트를 바꿔서도 연습한다

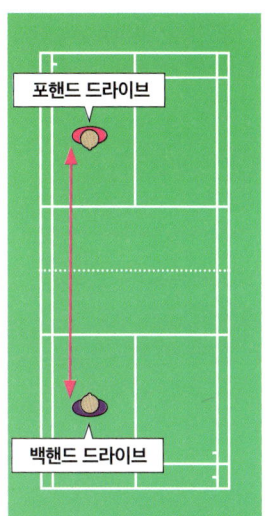

지도자 MEMO

빠른 속도로 셔틀콕을 주고받을 때 라켓을 크게 휘두르면 스윙 타이밍을 놓칠 수 있다. 스윙이 간결한지, 타점은 몸 앞에 있는지, 셔틀콕이 네트 위로 뜨지 않는지 등을 지도자와 선수들이 함께 확인하며 연습한다.

1대1 연습

코트 전면과 한쪽 면에서 드라이브 주고받기

단계 중급
시간 좌우 코트 5분씩

목표 한 명은 코트 한쪽 면만 사용하고 다른 한 명은 전면을 사용한다. 전자는 셔틀콕을 보낼 코스가 다양한 반면 후자는 한정적이다. 후자는 전자보다 넓은 범위를 커버해야 하므로 빠르게 움직인다.

1. 1 대 1로 드라이브를 주고받는다 (한 명은 코트 한쪽 면, 다른 한 명은 코트 전면)
2. 한쪽 면만 사용하는 선수가 크로스 드라이브를 하면 전면을 사용하는 선수는 왼쪽으로 이동해 크로스 드라이브로 받아친다
3. 한쪽 면만 사용하는 선수가 직선으로 셔틀콕을 보내면 전면을 사용하는 선수는 오른쪽으로 이동해 스트레이트 드라이브로 받아친다. 코트 설정을 바꿔서도 연습한다

조언

코트 한쪽 면만 사용하는 선수는 셔틀콕을 컨트롤하며 크로스로 칠 타이밍을 살핀다. 코트 전면을 사용하는 선수는 스윙 타이밍이 맞으면 공격적인 플레이를 하고 타이밍이 맞지 않으면 타점을 낮춰서 랠리를 이어간다. 5분 동안 실수 없이 주고받는 것을 목표로 한다.

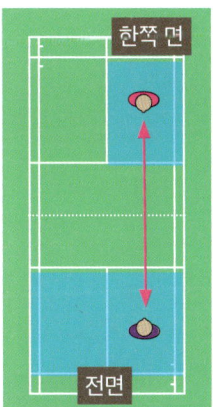
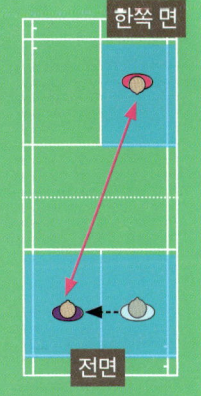

2 대 2 연습

포핸드 드라이브 대 백핸드 드라이브 (2 대 2)

단계 중급
시간 좌우 코트 5분씩

목표 네 명이 포핸드 드라이브와 백핸드 드라이브를 구사하며 복식 로테이션을 연습한다. 앞사람이 셔틀콕을 친 뒤 뒷사람이 바로 이어서 셔틀콕을 친다. 다음 동작을 생각하며 실수 없이 정확하게 수행한다.

★ 기술 포인트

스트레이트 드라이브를 한다

셔틀콕을 친 뒤 약간 앞으로 나온다

파트너가 앞으로 나와 셔틀콕을 친다

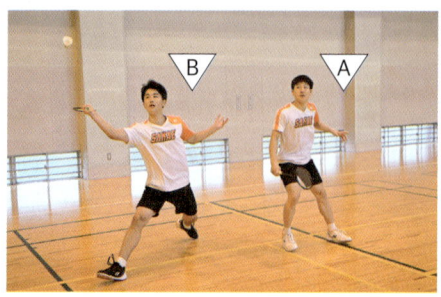

① 코트 한쪽 면만 사용해 2 대 2로 연습한다. 두 명이 교대로 셔틀콕을 치되 한쪽은 포핸드 드라이브를 하고 반대편은 백핸드 드라이브를 한다. 좌우 코트를 바꿔서도 연습한다

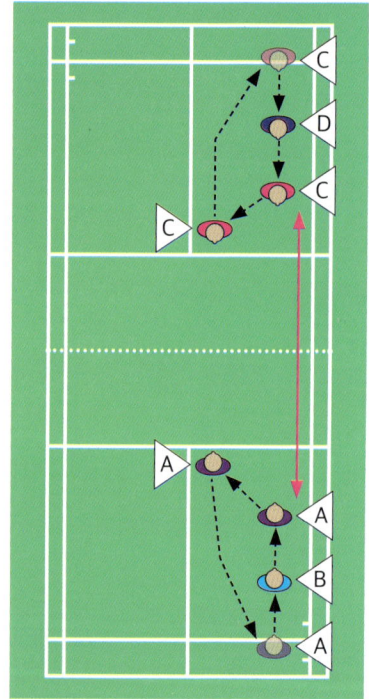

조언

사람 수를 늘려도 되지만 빠르게 셔틀콕을 치려면 2 대 2로 연습하는 것이 가장 좋다. 사람이 많아지면 불안정한 요소도 늘어난다. 네 명 모두 다음 동작을 생각하면서 치도록 하자. 셔틀콕이 원하는 곳으로 가지 않더라도 랠리를 계속 이어간다.

제 **7** 장

네트 앞 플레이

네트 앞에서 구사하는 샷은 로브, 헤어핀, 푸시 세 가지다.
빠르게 움직여 낙하 지점으로 이동한 뒤 셔틀콕을 몸 앞에 두고 칠 수 있도록 연습하자.
꾸준히 훈련하면 시합에서 어려운 상황을 맞이하더라도 이겨낼 수 있다.

MENU 062 — 포핸드 로브 연습하기

기술 해설(셔틀콕 던지기)

단계 초급
횟수 10회 3~5세트

목표 노커가 던진 셔틀콕을 한 발 내디디며 포핸드 로브로 받아친다. 처음에는 라켓을 크게 휘두르다가 점차 간결하게 휘두른다. 팔꿈치부터 손끝까지 사용해 셔틀콕을 컨트롤하는 감각을 익히자.

① 오른발을 한 걸음 내디딘다

셔틀콕을 몸 앞에 두고 친다

② 팔꿈치부터 손끝까지 사용해 스윙한다

MENU 063 — 백핸드 로브 연습하기

기술 해설(셔틀콕 던지기)

단계 초급
횟수 10회 3~5세트

목표 내디딘 발에 체중을 싣고 노커가 던진 셔틀콕을 보며 백핸드 로브를 한다. 라켓을 옆으로 휘두르지 말고 밑에서 위로 걷어 올린다는 느낌으로 휘두른다. 팔꿈치를 사용해 셔틀콕 치는 감각을 익히자.

① 셔틀콕을 몸 앞에 두고 친다

앞발에 체중을 싣는다

② 밑에서 위로 라켓을 휘두른다

라켓을 옆으로 휘두르지 않는다

MENU 064 — 어택 로브 연습하기

기술 해설(셔틀콕 던지기)

단계 초~중급
횟수 각 10회 3~5세트

목표 어택 로브는 로브보다 빠르게 움직여 높은 타점에서 구사해야 하며 포핸드일 때든 백핸드일 때든 간결하게 스윙해야 한다. 상대를 궁지로 몰아넣는 상황을 생각하며 셔틀콕을 팅기듯이 치자.

1 포핸드로 어택 로브를 한다

셔틀콕을 빠르게 따라가 높은 타점에서 친다

2 백핸드로 어택 로브를 한다

공격적으로 팅기듯이 친다

MENU 065 — V자로 움직이며 로브 연습하기

셔틀콕 던지기

단계 초급
횟수 10회(좌우 5회씩) 3~5세트

목표 중앙에 의자 대신 셔틀콕 보관통을 둔다. 그곳을 경유해 좌우로 움직이며 정확하게 셔틀콕을 쳐서 원하는 곳으로 보낼 수 있도록 연습한다. 처음에는 직선 방향으로 치다가 익숙해지면 대각선 방향으로도 친다. 다리 근력 강화에도 도움이 된다.

1 포핸드 로브를 한다

2 중앙에서 준비 자세를 취한다

3 백핸드 로브를 한다

셔틀콕 보관통에 라켓을 대지 않아도 된다

셔틀콕 쳐주기

MENU 066 X자(직선)로 움직이며 로브 연습하기

단계 초급
횟수 4곳 5번 돌기

목표 포사이드 뒤쪽에서는 셔틀콕 없이 라켓만 휘두르고 중앙을 경유해 네트 앞으로 나온다. X자로 움직이다가도 네트 앞에서는 확실히 발을 멈추고 정확하게 로브를 한다. 이 연습을 하면 경기력과 직결되는 다리 근력과 체력도 강화시킬 수 있다.

★ 기술 포인트

포사이드 뒤쪽에서 스매시를 하듯 라켓만 휘두른다

☑ **CHECK!** 코트 뒤쪽에서 라켓만 휘두르는 이유는 로브에 집중하기 위해서다. 시합이라고 생각하며 강하게 휘두른다.

포사이드 앞쪽에서 로브를 한다

☑ **CHECK!** 중앙에서 준비 자세를 취한 뒤 앞으로 나와 로브를 한다. 발을 확실히 멈추고 셔틀콕을 쳐야 한다.

① 포사이드 뒤쪽에서 라켓만 휘두른다
② 포사이드 앞쪽에서 로브를 한다
③ 백사이드 뒤쪽에서 라켓만 휘두른다
④ 백사이드 앞쪽에서 로브를 한다

▶ 동작이 끝날 때마다 중앙으로 돌아와 준비 자세를 취한다.

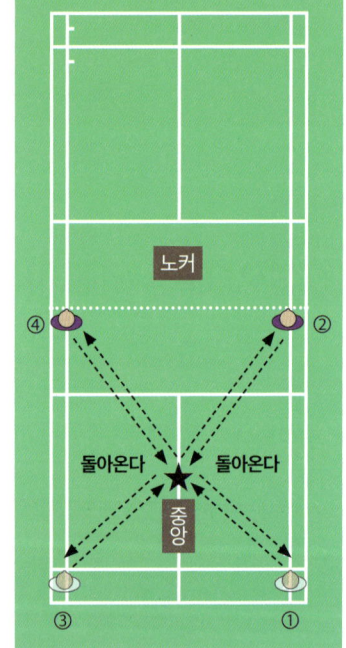

조언 처음에는 천천히 해도 되므로 반드시 중앙으로 돌아와 준비 자세를 취한다. 노커는 선수가 중앙으로 돌아오자마자 바로 셔틀콕을 던져준다.

MENU 067

셔틀콕 쳐주기

X자(대각선)로 움직이며 로브 연습하기

단계 초급
횟수 4곳 5번 돌기

긴 거리를 이동해 네트 앞에서 로브를 한다. 코트 뒤쪽에서 대각선 방향으로 움직일 때는 중앙을 그냥 지나치기 쉬운데 반드시 발을 멈추고 준비 자세를 취한 다음 움직이도록 하자. 셔틀콕이 어느 방향에서 날아오든 받아칠 수 있도록 연습한다.

★ 기술 포인트

중앙에서 발을 멈추고 준비 자세를 취한다

☑ **CHECK!** 이동할 때 중앙을 그냥 지나치지 않도록 주의한다.

① 포사이드 뒤쪽에서 라켓만 휘두른다
② 백사이드 앞쪽에서 로브를 한다
③ 백사이드 뒤쪽에서 라켓만 휘두른다
④ 포사이드 앞쪽에서 로브를 한다

▶ 동작이 끝날 때마다 중앙으로 돌아와 준비 자세를 취한다.

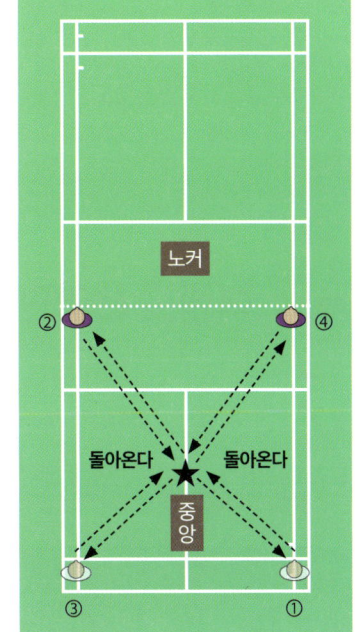

백사이드 앞쪽에서 로브를 한다

☑ **CHECK!** 스트레이트 스매시를 백사이드 앞쪽에서 받아친다고 생각하며 로브를 한다.

조언

대각선 방향으로 움직일 때도 중앙을 그냥 지나치지 않는다. 라켓만 휘두를 때는 스매시를 한다고 생각하며 강하게 스윙한다.

MENU 068

(기술 해설(셔틀콕 던지기))

포핸드 헤어핀 연습하기

단계 초급
횟수 10회 3~5세트

목표 네트 앞에 서서 노커가 던져준 셔틀콕을 포핸드 헤어핀으로 받아친다. 처음에는 셔틀콕을 밑에서 위로 올려 치는 것부터 연습한다. 손끝뿐만 아니라 내디딘 발의 무릎도 사용해 셔틀콕을 정확하게 밀어 넘긴다.

① 셔틀콕을 밑에서 위로 올려 친다

라켓 면은 셔틀콕과 수직을 이룬다

★ 기술 포인트 각도를 조절한다

☑ **CHECK!** 라켓 면의 각도를 조절해 셔틀콕의 방향을 바꾸거나 회전을 건다.

MENU 069

(기술 해설(셔틀콕 던지기))

백핸드 헤어핀 연습하기

단계 초급
횟수 10회 3~5세트

목표 초급자에게 백핸드 헤어핀은 약간 어려운 기술이다. 우선 내딛는 발의 끝을 셔틀콕 쪽으로 향하게 한다. 그 다음 무릎에 체중을 싣고 손끝으로 섬세하게 컨트롤한다는 느낌으로 셔틀콕을 밀어 넘긴다.

① 백핸드로 셔틀콕을 밑에서 위로 올려 친다

라켓 면은 셔틀콕과 수직을 이룬다

★ 기술 포인트 각도를 조절한다

☑ **CHECK!** 각도를 바꿀 때도 팔로만 치지 않도록 발과 손의 방향을 일치시킨다.

MENU 070 — 셔틀콕 던지기
V자로 움직이며 헤어핀 연습하기

단계 초급
횟수 10회(좌우 5회씩) 3~5세트

🏷️ **목표** 중앙에 셔틀콕 보관통을 두고 그곳을 경유해 좌우로 움직이며 헤어핀을 한다. 처음에는 셔틀콕이 네트에 걸릴 수도 있는데 그 원인은 발에 있다. 발을 빠르게 움직여 셔틀콕을 쫓아가야 한다. 무릎에 체중을 싣고 라켓에 셔틀콕을 맞춰 넘기는 감각을 익히자.

1 포핸드 헤어핀을 한다

☑ **CHECK!**
내디딘 발의 끝을 셔틀콕 치는 방향과 일치시킨다. 팔로만 치지 않도록 주의하자.

2 중앙으로 돌아온다

☑ **CHECK!**
셔틀콕 보관통이 놓인 중앙으로 돌아와 준비 자세를 취한다.

3 백핸드 헤어핀을 한다

☑ **CHECK!**
셔틀콕 낙하 지점으로 이동해 무릎에 체중을 싣고 차분하게 라켓을 셔틀콕에 맞춘다.

MENU 071 — 셔틀콕 던지기
자유롭게 헤어핀 연습하기

단계 초~중급
횟수 20회 3~5세트

🏷️ **목표** 랜덤으로 날아오는 셔틀콕을 헤어핀으로 받아친다. 단식 경기를 한다고 생각하며 반드시 중앙으로 돌아온다. 네트 앞에 떨어지는 셔틀콕을 올려 칠지, 밀어 넘길지 등을 고민하며 연습하면 판단력도 기를 수 있다.

1 네트 앞에 떨어지는 셔틀콕을 헤어핀으로 받아친다

조언
노커는 실전처럼 셔틀콕을 던져준다. 선수는 발 빠르게 네트 앞으로 나와 셔틀콕을 친 뒤 표적이 없더라도 반드시 중앙으로 돌아온다. 헤어핀의 타점이나 코스는 선수 스스로 정한다. 자신의 수준이나 목표에 맞춰 실력 향상에 매진하고 1구, 1구를 소중히 여기며 치자. 노커는 선수의 부족한 부분이 무엇인지 생각하며 셔틀콕을 보낸다.

서틀콕 쳐주기

X자(직선)로 움직이며 헤어핀 연습하기

단계 초급
횟수 4곳 5번 돌기

목표 코트 뒤쪽에서 라켓을 크게 휘두른 뒤 중앙을 경유해 네트 앞으로 나오며 헤어핀을 한다. 빠르게 네트 쪽으로 이동할 때 몸이 앞으로 쏠리지 않도록 주의하며 섬세하게 셔틀콕을 치자. 팔만 치려고 하지 말고 발도 움직여야 한다.

★ 기술 포인트

중앙에서 준비 자세를 취한다

① 포사이드 뒤쪽에서 라켓만 휘두른다
② 포사이드 앞쪽에서 헤어핀을 한다
③ 백사이드 뒤쪽에서 라켓만 휘두른다
④ 백사이드 앞쪽에서 헤어핀을 한다

▶ 동작이 끝날 때마다 중앙으로 돌아와 준비 자세를 취한다.

☑ **CHECK!** 코트 뒤쪽에서 라켓을 강하게 휘두르고 중앙으로 돌아와 준비 자세를 취한 뒤 앞으로 나온다.

포핸드 헤어핀을 한다

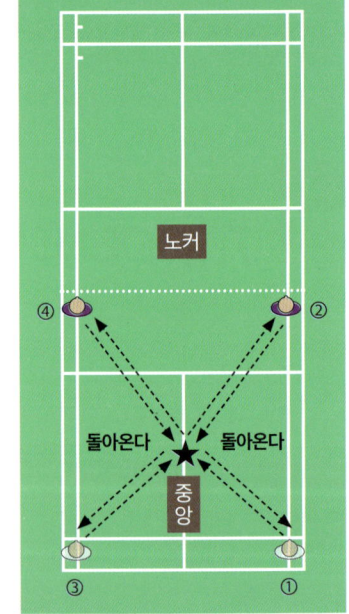

☑ **CHECK!** 헤어핀은 섬세한 기술이므로 신중하게 발을 움직여 셔틀콕을 확실하게 상대 코트로 넘겨야 한다.

조언

무게 중심이 앞으로 쏠리지 않게 하려면 내디딘 발의 무릎에 체중을 싣는다. 헤어핀은 발로 한다고 해도 과언이 아니다.

MENU 073 X자(대각선)로 움직이며 헤어핀 연습하기

단계	초급
횟수	4곳 5번 돌기

목표
코트 뒤쪽에서 중앙을 경유해 대각선 방향으로 움직이며 헤어핀을 한다. 가장 긴 거리를 이동하는 랠리 상황을 상상하며 연습한다. 불리할 때야말로 발을 사용해 마지막까지 집중하며 셔틀콕을 넘겨야 한다.

★ 기술 포인트

높은 위치에서 하는 헤어핀

☑ **CHECK!** 빠르게 네트 앞으로 나와 높은 위치에서 공격형 헤어핀을 한다.

낮은 위치에서 하는 헤어핀

☑ **CHECK!** 시합에서 수세에 몰린 상황을 상상하며 낮은 위치에서 헤어핀을 한다.

① 포사이드 뒤쪽에서 라켓만 휘두른다
② 백사이드 앞쪽에서 헤어핀을 한다
③ 백사이드 뒤쪽에서 라켓만 휘두른다
④ 포사이드 앞쪽에서 헤어핀을 한다

▶ 동작이 끝날 때마다 중앙으로 돌아와 준비 자세를 취한다.

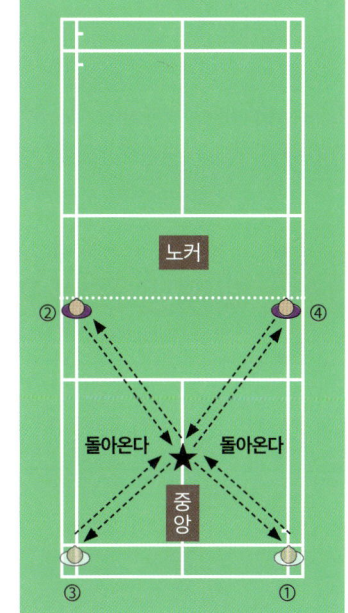

조언
상대의 스트레이트 스매시를 크로스로 움직여 앞쪽에서 받아친다고 생각하며 연습한다. 셔틀콕을 치는 위치나 방향은 랠리 상황을 상상하며 선수 스스로 정한다.

(기술 해설(셔틀콕 던지기))

MENU 074 포핸드 푸시 연습하기

단계 초급
횟수 10회 3~5세트

목표 노커는 한 걸음 내디뎌 칠 수 있는 정도의 거리로 셔틀콕을 던진다. 선수는 셔틀콕을 팔로만 치지 않도록 발을 빠르게 움직여 상대 코트로 밀어 넣듯이 친다. 타점은 몸 앞에 두고 라켓 면에 셔틀콕을 맞추며 간결하게 스윙한다.

① 짧게 백스윙한다

팔꿈치를 내리지 않는다

② 착지와 동시에 셔틀콕을 친다

간결하게 스윙한다

(기술 해설(셔틀콕 던지기))

MENU 075 백핸드 푸시 연습하기

단계 초급
횟수 10회 3~5세트

목표 백핸드 푸시도 몸 앞에 타점을 둔다. 특히 팔꿈치가 내려가지 않도록 주의한다. 손목을 비틀어 치지 말고 치기 쉬운 위치에서 라켓 면에 셔틀콕을 맞춰 예리한 각도로 밀어 넣는다.

① 짧게 백스윙한다

팔꿈치를 내리지 않는다

② 라켓을 꽉 잡고 셔틀콕을 밀어 넣는다

착지와 동시에 친다

| MENU 076 | (셔틀콕 던지기) **V자로 움직이며 푸시 연습하기** | 단계 초급
횟수 10회(좌우 5회씩)
3~5세트 |

7 네트 앞 플레이

목표 중앙에 셔틀콕 보관통을 두고 그곳을 경유해 좌우로 움직이며 푸시를 한다. 서두르지 말고 랠리의 끝이라고 생각하며 확실하게 셔틀콕을 밀어 넣는다. 다음 동작을 위해 스윙은 간결하게 한다. 실수 없이 셔틀콕 치는 방법을 익히자.

① 중앙에서 앞으로 나올 준비를 한다

☑ **CHECK!**
셔틀콕 보관통이 있는 중앙에서 라켓을 세우고 오른쪽 네트 앞으로 나갈 준비를 한다.

② 오른쪽 네트 앞으로 나온다

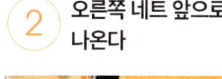

☑ **CHECK!**
네트 앞으로 움직이며 셔틀콕을 칠 준비를 한다. 스윙은 크게 하지 않는다.

③ 포핸드 푸시를 한다

☑ **CHECK!**
포핸드 푸시는 팔로만 하기 쉬운데 발을 앞으로 내디디며 쳐야 한다.

④ 중앙으로 돌아온다

☑ **CHECK!**
셔틀콕 보관통이 있는 중앙으로 돌아와 라켓을 세우고 왼쪽 네트 앞으로 나갈 준비를 한다.

⑤ 왼쪽 네트 앞으로 나온다

☑ **CHECK!**
셔틀콕을 보며 칠 준비를 한다. 팔꿈치가 내려가지 않도록 주의한다.

⑥ 백핸드 푸시를 한다

☑ **CHECK!**
발을 움직여 셔틀콕 낙하 지점으로 이동한 뒤 라켓 면에 맞춘다.

MENU 077	셔틀콕 쳐주기	단계 초급
	X자(직선)로 움직이며 푸시 연습하기	횟수 4곳 5번 돌기

목표 코트 뒤쪽에서 중앙을 경유해 네트 앞으로 뛰어들며 푸시를 한다. 중요한 순간에 실수 없이 확실하게 마무리할 수 있도록 정확한 자세를 익히는 동시에 자신감도 키운다.

★ 기술 포인트

마지막 한 발을 크게 내디딘다

☑ **CHECK!** 마지막 한 발을 크게 내딛고 뒤꿈치부터 착지한다. 무릎을 부드럽게 사용한다.

뒤꿈치로 착지하며 셔틀콕을 친다

☑ **CHECK!** 긴 랠리의 마지막이라고 상상하며 승부를 결정짓는 방법을 익힌다.

① 포사이드 뒤쪽에서 라켓만 휘두른다
② 포사이드 앞쪽에서 푸시를 한다
③ 백사이드 뒤쪽에서 라켓만 휘두른다
④ 백사이드 앞쪽에서 푸시를 한다

▶ 동작이 끝날 때마다 중앙으로 돌아와 준비 자세를 취한다.

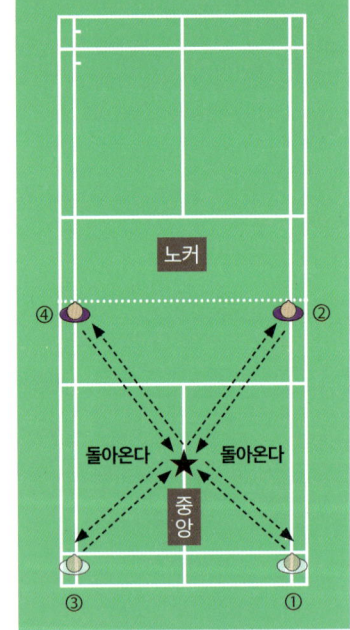

조언
네트 앞으로 빠르게 움직이며 푸시를 한다. 셔틀콕이 네트에 걸리면 상대가 1점을 획득하므로 실수 없이 치는 방법을 익힌다.

MENU 078 〔셔틀콕 쳐주기〕

X자(대각선)로 움직이며 푸시 연습하기

단계 초급
횟수 4곳 5번 돌기

7 네트 앞 플레이

목표
코트 뒤쪽에서 중앙을 경유해 대각선 네트 앞으로 움직이며 푸시를 한다. 마지막 한 걸음을 크게 내딛고 라켓을 강하게 휘둘러 셔틀콕에 힘을 전달한다. 빠르게 발을 움직여 확실하게 마무리하는 방법을 익히자.

★ 기술 포인트

팔꿈치를 들고 네트 앞으로 나온다

☑ **CHECK!** 중앙에서 팔꿈치를 들어 라켓을 세운 상태로 네트 앞으로 나간다.

① 포사이드 뒤쪽에서 라켓만 휘두른다
② 백사이드 앞쪽에서 푸시를 한다
③ 백사이드 뒤쪽에서 라켓만 휘두른다
④ 포사이드 앞쪽에서 푸시를 한다

▶ 동작이 끝날 때마다 중앙으로 돌아와 준비 자세를 취한다.

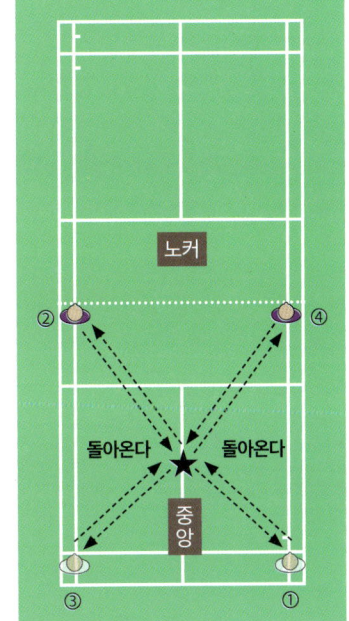

백핸드 푸시를 한다

☑ **CHECK!** 라켓 면에 셔틀콕을 맞춰 확실하게 밀어 넣는다. 타점은 몸 앞에 둔다.

조언
라켓을 세우고 발을 움직여 네트 앞으로 나간다. 노커는 셔틀콕을 받아치기 쉽게 던져줘 선수가 확실하게 마무리하는 방법을 익히게 한다.

MENU 079 — 스트레이트·크로스 푸시 연습하기

`2 대 1 연습`

단계 중급
시간 좌우 코트 5분씩

목표 복식에서 전위를 담당한다고 생각하며 스트레이트 푸시와 크로스 푸시를 번갈아 한다. 무릎으로 리듬을 타며 짧게 스텝을 밟고 타점은 몸 앞에 둔다. 노커와 연습할 때보다 랠리가 빠르게 이어지므로 실전 감각을 키울 수 있다.

★ 기술 포인트 — 크로스 푸시

포핸드 크로스 푸시를 한다

라켓 면은 대각선 방향을 향한다

☑ **CHECK!** 라켓 면이 대각선 방향을 향하게 한다. 크로스 푸시를 할 타이밍을 노리며 연습하다 보면 판단력도 기를 수 있다.

백핸드 크로스 푸시를 한다

라켓 면은 대각선 방향을 향한다

☑ **CHECK!** 셔틀콕의 방향을 정하는 것은 라켓 면이다. 타점이 몸 앞에 오도록 빠르게 움직인다.

① 2 대 1로 연습한다. 코트 한쪽 면만 사용하는 선수는 스트레이트 푸시와 크로스 푸시를 번갈아 구사한다

② 반대편의 두 명은 푸시로 넘어온 셔틀콕을 받아친다. 좌우 코트를 바꿔서도 연습한다

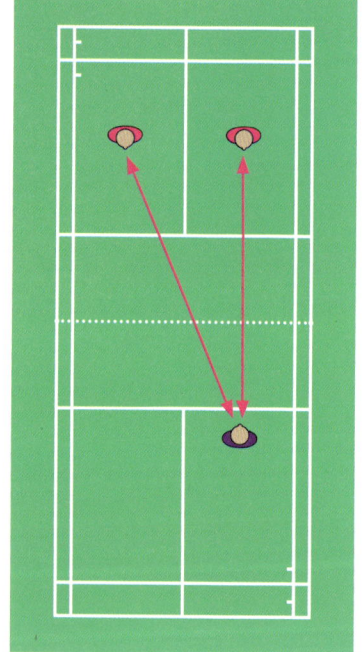

조언

푸시를 하는 선수는 짧게 스텝을 밟으며 준비 자세를 취한다. 네트 앞에 떨어지는 셔틀콕은 무릎을 구부려 자세를 낮춰서 받아친다. 연습을 통해 상대의 리턴을 예측하는 힘을 기른다.

셔틀콕 쳐주기

포핸드·백핸드·라운드 푸시 연습하기

MENU 080

단계 중급
횟수 3곳 5번 돌기
3~5세트

네트 앞 플레이

목표 복식에서 전위를 담당한다고 생각하며 포핸드·백핸드·라운드 푸시를 연습한다(라운드 푸시는 셔틀콕이 백핸드 쪽으로 왔을 때 라켓을 돌려 포핸드 자세로 구사하는 푸시를 말한다). 백핸드 푸시 후 라운드 푸시를 할 때는 발의 위치를 바꿔야 하는데, 타점이 뒤로 가지 않도록 주의한다. 연속 동작을 위해 라켓은 내리지 않는다.

★ 기술 포인트 　백핸드 푸시와 라운드 푸시

백핸드 푸시

오른발을 앞에 둔다

두 발을 평행하게 놓고 정면을 바라본다

라켓을 내리지 않는다

라운드 푸시

☑ **CHECK!** 백핸드 푸시를 한 뒤 빠르게 두 발을 평행하게 놓고 정면을 바라보며 라운드 푸시로 마무리한다.

① 포핸드 푸시를 한다

② 백핸드로 스트레이트 푸시를 한다

③ 코트 왼쪽에서 포핸드 푸시를 한다

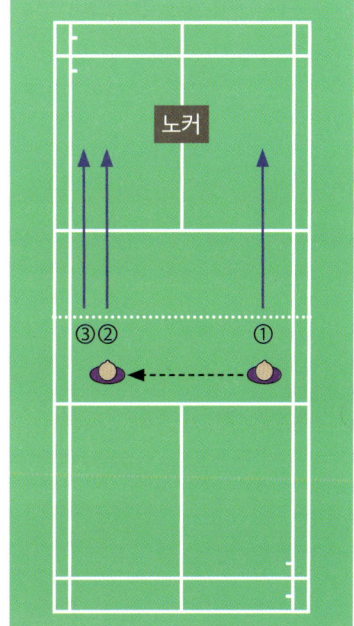

노커

조언

포핸드·백핸드 푸시를 연습할 때는 노커가 셔틀콕을 낮게 보내고, 라운드 푸시를 연습할 때는 살짝 띄워서 보낸다. 선수는 포핸드·백핸드 푸시로 셔틀콕을 밀어 넣고, 네트 부근에 뜬 셔틀콕은 라운드 푸시로 확실하게 마무리한다.

셔틀콕 쳐주기

자유롭게 푸시 연습하기

단계 중급
횟수 20회 3~5세트

목표 네트 앞을 커버하며 푸시를 구사한다. 타점이 몸 옆으로 가지 않도록 사이드 스텝을 밟으며 빠르게 이동하자. 셔틀콕의 높이에 따라 승부를 결정지을지, 랠리를 이어갈지 등을 고민하다 보면 판단력도 기를 수 있다.

★ 기술 포인트   푸시

간결하게 스윙한다

☑ **CHECK!** 라켓을 크게 휘두르면 상대의 리턴에 대응하기 어려워지므로 스윙은 늘 간결하게 한다. 셔틀콕은 빠르게 치면 빠르게 돌아온다는 것을 잊지 말자.

상대의 리턴을 기다린다

바로 라켓을 든다

☑ **CHECK!** 상대의 리턴에 대응하기 위해 라켓을 들고 준비한다.

① 네트 앞에 랜덤으로 날아오는 셔틀콕을 푸시로 처리한다

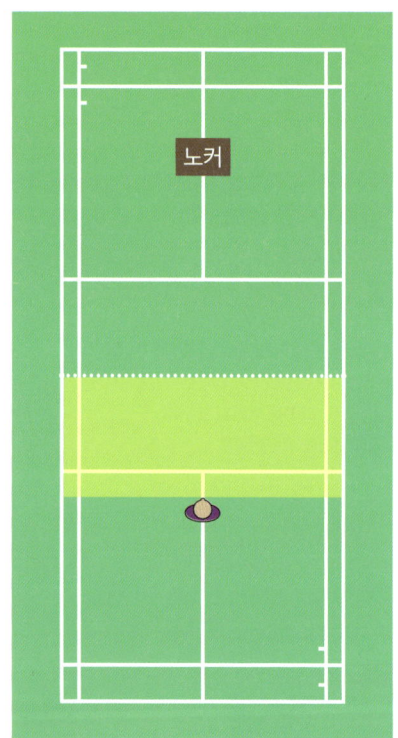

노커

지도자 MEMO

네트 앞에서 좌우로 움직일 때는 사이드 스텝을 밟는다. 노커는 셔틀콕을 빠르게 쳐주고 선수는 빠르게 받아친 뒤 바로 다음 동작을 준비한다. 백사이드 쪽으로 오는 셔틀콕은 백핸드로 받아도 되고 포핸드로 받아도 된다. 랠리를 이어갈지, 승부를 낼지를 생각하며 연습하면 판단력도 기를 수 있다.

제 **8** 장

리시브

공격만 잘한다고 승리할 수 있는 것은 아니다.
시합에서 이기려면 랠리를 이어가는 것이 중요하다. 랠리의 핵심이 되는
리시브를 잘할 수 있도록 포핸드와 백핸드를 반복해 연습하자.

MENU 082 〔기술 해설(셔틀콕 던지기)〕 단계 초급 / 횟수 20회 3~5세트

포핸드 롱 리시브 연습하기

목표 스매시를 받아친다고 생각하며 포핸드 롱 리시브를 한다. 오른발을 한 걸음 내디디며 셔틀콕을 몸 앞에 두고 친다. 크게 스윙하지 말고 팔꿈치와 손목 스냅을 이용해 셔틀콕을 날려 보낼 수 있도록 연습하자.

① 오른발을 한 걸음 내디딘다

셔틀콕을 몸 앞에 두고 친다

② 포핸드로 셔틀콕을 높게 띄워 멀리 보낸다

간결하게 스윙한다

 MENU 083 〔기술 해설(셔틀콕 던지기)〕 단계 초급 / 횟수 20회 3~5세트

백핸드 롱 리시브 연습하기

목표 백핸드 쪽으로 날아오는 셔틀콕을 높게 띄워 멀리 보낸다. 두 발을 벌린 채 셔틀콕을 멀리 치는 것이 좋지만 처음에는 오른발을 한 걸음 정도 내디디며 리시브를 해도 괜찮다. 몸 앞에 셔틀콕을 두고 팔에 힘을 뺀 상태에서 멀리 날려 보내는 감각을 익힌다.

※ 사진은 두 발을 벌린 채 리시브하는 모습이다.

① 왼발을 가볍게 내디딘다

무게 중심을 왼쪽으로 이동시킨다

② 백핸드로 셔틀콕을 높게 띄워 멀리 보낸다

팔꿈치와 손목 스냅을 이용한다

MENU 084 셔틀콕 던지기

포핸드·백핸드 롱 리시브 연습하기

단계 초급
횟수 20회(좌우 10회씩)
3~5세트

목표 포핸드와 백핸드로 번갈아 리시브하며 그립 바꿔 잡는 방법을 익힌다. 처음에는 천천히 해도 되므로 스텝 밟는 방법, 스윙하는 방법을 확실히 익힌다.

② 포핸드 리시브를 한다

① 중앙에서 준비 자세를 취한다
③

④ 백핸드 리시브를 한다

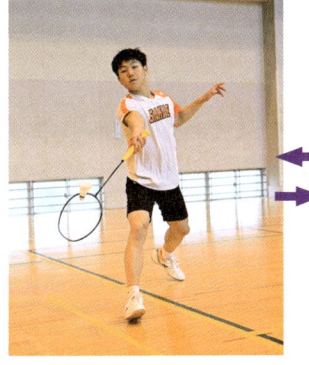

☑ **CHECK!**
팔꿈치와 손목을 사용해 간결하게 스윙한다. 셔틀콕을 높고, 멀리 보낸다.

☑ **CHECK!**
무릎을 구부려 자세를 낮추고 몸에 힘을 뺀 상태에서 준비 자세를 취한다.

☑ **CHECK!**
타점이 뒤로 가지 않게 한다. 왼손으로 균형을 잡는 것도 중요하다.

★ **기술 포인트**

포핸드 그립 잡는 방법

백핸드 그립 잡는 방법

☑ **CHECK!**
이스턴 그립이 가장 기본적인 방법이다. 임팩트 순간 그립을 꽉 잡아 셔틀콕에 힘을 전달한다.

☑ **CHECK!**
엄지를 그립의 넓은 면에 대고 연습하다가 익숙해지면 엄지 측면을 그립의 좁은 면에 가볍게 댄다. 그러면 임팩트 순간에 손목이 자연스럽게 회전한다.

기술 해설(1 대 1)

스매시 리시브 연습하기(1 대 1)

단계 중급
시간 5분 3~5세트

 스매시를 리시브하는 연습이다. 자세를 낮추고 몸에 힘을 뺀 상태에서 준비 자세를 취한다. 셔틀콕을 몸 앞에 두고 스매시의 힘을 이용해 받아넘기는 감각을 익힌다.

1 준비 자세를 취한다

☑ **CHECK!**
무릎을 살짝 구부려 준비 자세를 취한다. 몸에 힘을 빼고 집중한다.

2 셔틀콕을 몸 앞에 두고 친다

☑ **CHECK!**
타점을 몸 앞에 둔다. 시선은 셔틀콕에 집중한다.

3 라켓을 끝까지 휘두른다

☑ **CHECK!**
셔틀콕에 실린 힘을 이용해 받아친다는 느낌으로 리시브한다.

옆에서 본 모습

☑ **CHECK!**
라켓을 휘두를 수 있는 공간을 만든다.

☑ **CHECK!**
빠른 스매시에 대응하려면 타점이 몸 앞에 있어야 한다.

☑ **CHECK!**
자세를 낮춘 상태에서 밑에서 위로 받아친다는 느낌으로 가볍게 스윙한다.

| MENU 086 | 2 대 1 연습 | **스매시 리시브 연습하기**(2 대 1) | 단계 중급 / 시간 10분(좌우 코트 5분씩) 3~5세트 |

목표 두 명은 스매시만 한다. 한 명은 코트 한쪽 면만 사용하며 상대가 강하게 친 셔틀콕을 직선과 대각선 방향으로 멀리 보낸다. 크로스 리시브를 할 때는 어느 정도 힘이 필요하므로 아래팔로 스윙하는 방법을 익힌다.

★ 기술 포인트 — 크로스 리시브하는 방법

라켓 면을 대각선 방향으로 향하게 한다

아래팔로 예리하게 스윙한다

① 두 명은 스매시만 하고 한 명은 롱 리시브를 하되 셔틀콕을 어디로 보내든 상관없다. 좌우 코트를 바꿔서도 연습한다

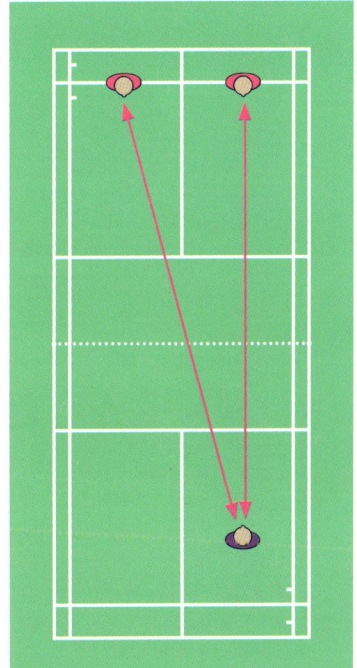

✓ **CHECK!** 라켓 면은 대각선 방향으로 향하고 타점은 몸 앞에 둔다. 타이밍이 안 맞으면 대각선 방향으로 치지 않는다. 너무 힘을 주지 말고 아래팔(팔꿈치부터 손목까지)로 예리하게 스윙한다.

조언
리시버는 복식에서 후위를 담당한다고 생각하며 직선으로 오는 셔틀콕을 대각선으로도, 대각선으로 오는 셔틀콕을 직선으로도 보내본다. 스매시를 리시브할 때 직선으로 보낼지 대각선으로 보낼지 등을 고민하면 판단력을 기를 수 있다

기술 해설(셔틀콕 던지기)

포핸드 쇼트 리시브 연습하기

단계 초급
횟수 20회 3~5세트

목표 스매시나 푸시로 날아오는 셔틀콕을 상대 네트 앞에 떨어뜨리는 쇼트 리시브를 연습한다. 롱 리시브와 마찬가지로 오른발을 한 걸음 내딛고 손끝이 아니라 발을 사용해 셔틀콕을 쫓는다. 셔틀콕의 속도를 줄이는 감각도 익힌다.

1 오른발을 한 걸음 내디딘다

체중을 오른발로 이동시킨다

2 포핸드로 받아쳐 상대 코트 앞에 떨어뜨린다

부드럽게 친다

기술 해설(셔틀콕 던지기)

백핸드 쇼트 리시브 연습하기

단계 초급
횟수 20회 3~5세트

목표 백핸드 쇼트 리시브도 백핸드 롱 리시브와 마찬가지로 오른발을 한 걸음 내딛거나 두 발을 벌린 채 연습한다. 셔틀콕을 위로 건져 올리듯이 쳐서 네트를 살짝 넘긴다.

※ 사진은 오른발을 한 걸음 내딛는 모습이다.

1 오른발을 한 걸음 내디딘다

발끝과 무릎이 셔틀콕 쪽을 향하게 한다

2 백핸드로 받아쳐 상대 코트 앞에 떨어뜨린다

셔틀콕을 건져 올리듯이 친다

| MENU 089 | 셔틀콕 던지기 | 포핸드·백핸드 쇼트 리시브 연습하기 | 단계 초급
횟수 20회(좌우 10회씩)
3~5세트 |

포핸드·백핸드 쇼트 리시브 연습하기

목표 셔틀콕을 치면 반드시 중앙으로 돌아와 자세를 낮추고 준비 자세를 취한다. 셔틀콕이 날아오는 방향으로 발을 내딛고 라켓 면에 셔틀콕을 맞춰 상대 코트로 보낸다.

1 포핸드 쇼트 리시브를 한다

☑ CHECK!
중앙에서 준비 자세를 취한 뒤 포사이드 쪽으로 오른발을 한 걸음 내디디며 쳐 셔틀콕을 상대 코트 앞에 떨어뜨린다. 얼굴이 위아래로 움직이지 않도록 주의한다.

조언
메뉴 089를 연습할 때 주의할 점은 좌우로 빠르게 움직여야 한다는 것이다. 시합이라고 생각하며 반드시 중앙으로 돌아와 준비 자세를 취하자. 미리 움직이지 말고 노커가 셔틀콕을 던진 뒤에 움직이기 시작한다. 동작 하나하나를 철저히 연습하면 다리 근력도 강화된다.

2 중앙으로 돌아와 준비 자세를 취한다

지도자 MEMO
노커는 스매시나 푸시를 한다고 생각하며 셔틀콕을 던진다. 한 걸음으로 갈 수 있는 거리로 보낼지, 사이드 라인 쪽으로 보낼지는 선수의 실력에 맞게 선택한다. 선수가 중앙에서 자세를 낮추고 준비 자세를 취한 뒤 제대로 발을 움직여 라켓 면에 셔틀콕을 맞추는지 확인하자.

3 백핸드 쇼트 리시브를 한다

☑ CHECK!
중앙에서 준비 자세를 취한 뒤 백사이드 쪽으로 움직이며 몸에 힘을 빼고 받아친다. 오른발을 내디딜지, 왼발을 내디딜지는 스스로 결정한다.

MENU 090 (1대1 연습)
스매시·헤어핀 대 쇼트 리시브·로브 (1 대 1)

단계 초~중급
시간 수비와 공격을 5분씩

목표 한 명은 스매시를 하고 다른 한 명은 쇼트 리시브를 한다. 연습을 통해 익힌 기술을 셔틀콕을 주고받으며 연마한다. 스매시를 하는 쪽과 리시브를 하는 쪽 모두 상대 코트로 셔틀콕 보내는 감각을 익힌다.

1 스매시를 쇼트 리시브로 받아친다

코트 한쪽 면만 사용한다. 공격 측이 스트레이트 스매시를 하면(①) 수비 측은 쇼트 리시브를 한다(②).

2 헤어핀을 로브로 받아친다

공격 측은 네트 앞에 떨어진 셔틀콕을 헤어핀으로 처리하고(③) 수비 측은 로브로 받아친다(④). 다시 ①로 돌아가 스트레이트 스매시를 한다. 공격과 수비를 번갈아가며 5분씩 연습한다.

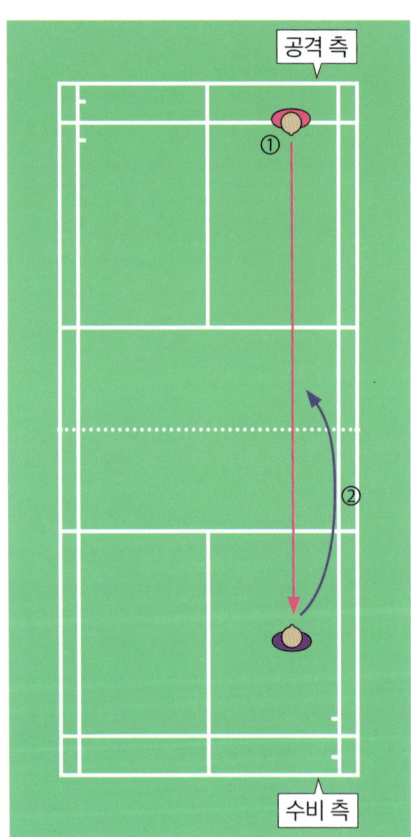

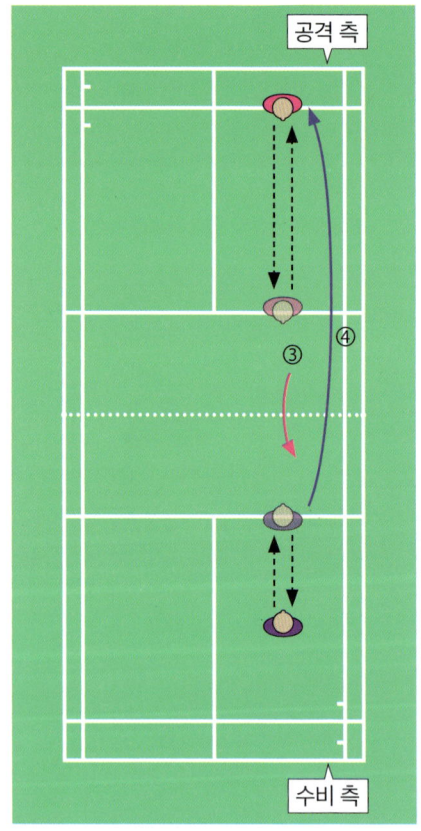

☑ **CHECK!** 셔틀콕에 실린 힘을 줄여 상대 코트 앞에 떨어뜨린다.

☑ **CHECK!** 서로 실수 없이 셔틀콕을 상대 코트로 보내도록 한다.

MENU 091

2 대 1 연습

스매시·헤어핀 대 쇼트 리시브·로브 (2 대 1)

단계 중급
시간 10분(좌우 코트 5분씩)

목표 공격 측은 스매시와 헤어핀을 한다. 수비 측은 쇼트 리시브와 로브로 받아친다. 수비 측은 실전이라고 생각하며 준비 자세를 취하고 미리 움직이지 않는다. 연습을 통해 로브의 질도 높이도록 하자.

1 스트레이트 스매시를 한다

수비 측은 코트 한쪽 면만 사용한다. 처음에는 ①스트레이트 스매시→②쇼트 리시브(스트레이트)→③헤어핀→④크로스 로브 순으로 연습한다.

2 크로스 스매시를 한다

⑤크로스 스매시→⑥쇼트 리시브(크로스)→⑦헤어핀→⑧크로스 로브를 한 뒤 다시 ①부터 시작한다. 어느 정도 익숙해지면 방향을 정하지 않고 자유롭게 보낸다. 좌우 코트를 바꿔서도 연습한다.

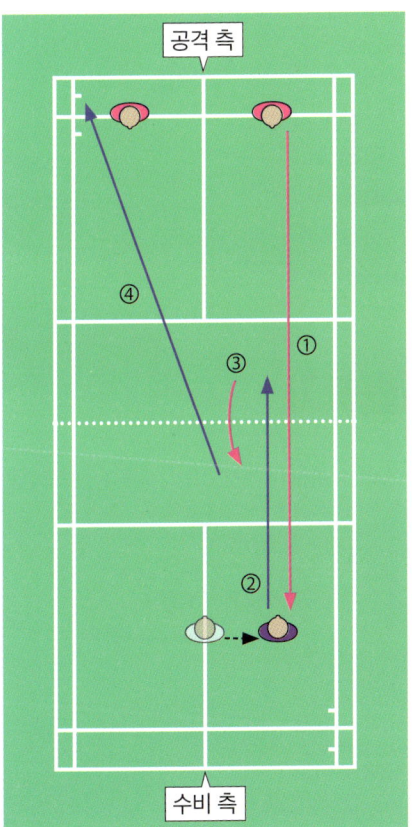

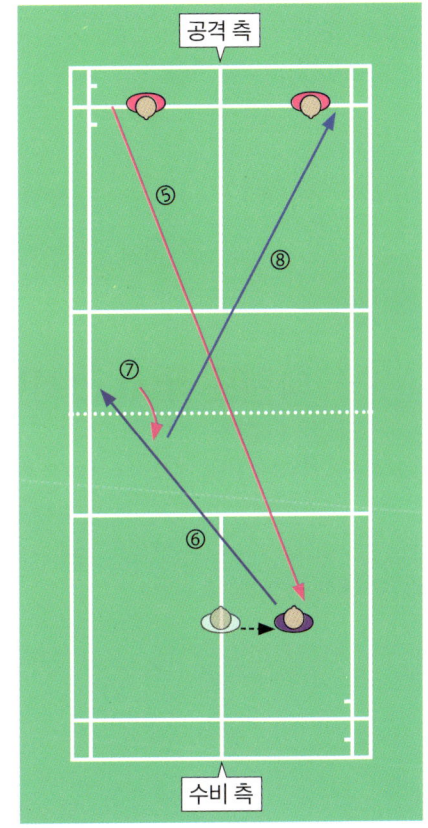

CHECK! 수비 측은 쇼트 리시브와 로브를 번갈아 한다. 로브의 거리와 높이도 신경 쓴다.

CHECK! 실수 없이 셔틀콕을 주고받으며 샷의 질을 높인다.

단계	초급
횟수	20회 3~5세트

기술 해설(셔틀콕 던지기)

포핸드 푸시 리시브 연습하기

목표 복식에서 수비를 담당한다고 생각하며 상대의 푸시를 포핸드 드라이브로 리시브한다. 스윙은 간결해야 하지만 쇼트 리시브를 할 때보다는 예리하게 스윙해야 하며 강하게 쳐야 한다.

1 재빨리 오른발에 체중을 싣는다

2 셔틀콕을 밀어내듯이 친다

드라이브로 받아친다

단계	초급
횟수	20회 3~5세트

기술 해설(셔틀콕 던지기)

백핸드 푸시 리시브 연습하기

목표 복식에서 수비를 담당한다고 생각하며 상대의 푸시를 백핸드 드라이브로 리시브한다. 셔틀콕이 노커의 몸에 맞을 정도로 간결하고 예리하게 스윙한다. 셔틀콕을 친 뒤 바로 준비 자세를 취한다.

1 재빨리 왼발에 체중을 싣는다

2 셔틀콕을 라켓 면에 맞춘다

셔틀콕을 몸 앞에 두고 밀어내듯이 친다

기술 해설(셔틀콕 던지기)

MENU 094 포핸드·백핸드 푸시 리시브 연습하기

단계 초급
횟수 20회(좌우 10회씩) 3~5세트

목표 푸시를 포핸드와 백핸드로 번갈아 리시브한다. 손끝으로만 치지 않도록 짧게 스텝을 밟으며 셔틀콕을 몸 앞에 두고 친다. 스윙은 간결하게 하고, 백핸드 그립으로 포핸드 리시브를 구사하는 방법도 익힌다.

① 포핸드로 푸시 리시브를 한다

② 중앙에서 준비 자세를 취한다

③ 백핸드로 푸시 리시브를 한다

★ **기술 포인트** — 백핸드 그립으로 포핸드 리시브 하는 방법

날아오는 셔틀콕을 본다
약간 뒤로 뺀 오른발에 체중을 싣는다

☑ **CHECK!**
백핸드 그립을 잡은 채 팔꿈치를 들고 셔틀콕을 기다린다.

셔틀콕을 튕기듯이 받아친다
타점은 몸 앞에 둔다

☑ **CHECK!**
손등이 상대를 향한 상태에서 엄지로 밀어내듯이 친다.

라켓을 끝까지 휘두른다

☑ **CHECK!**
힘을 빼고 아래팔을 부드럽게 사용해 라켓을 휘두른 뒤 바로 준비 자세를 취한다.

MENU 095 [1대1 연습]

푸시 대 리시브

단계 초~중급
시간 각 5분

목표 1 대 1로 푸시와 리시브를 하며 셔틀콕을 주고받는다. 리시브를 하는 쪽은 타이밍을 놓치지 않도록 빠르게 자세를 낮추고 준비 자세를 취한다. 재빨리 움직이면서 복식 경기의 리듬을 몸에 익힌다.

1. 코트 한쪽 면에서 푸시와 리시브를 한다

조언
코트 한쪽 면만 사용하며 자유롭게 셔틀콕을 주고받는다. 1 대 1 연습은 노커가 셔틀콕을 던져줄 때보다 진행 속도가 빠르고 셔틀콕이 좌우 어느 방향에서 날아올지도 알 수 없다. 때문에 자세를 낮추고 준비 자세를 취한 뒤 짧게 스텝을 밟으며 움직여야 한다. 푸시를 할 때는 셔틀콕이 바닥에 떨어지지 않도록 주의하고, 서로 타이밍을 잘 맞춰 실수 없이 주고받도록 한다.

MENU 096 [기본기 연습]

트레이닝 라켓으로 벽 치기

단계 초~중급
시간 5분

목표 정상급 선수들도 리시브 연습을 할 때 사용하는 방법이다. 벽 치기를 통해 준비 자세 취하기, 라켓 면에 셔틀콕 맞추기, 간결하고 예리하게 스윙하기, 스텝 밟기와 같은 기본 동작을 혼자서도 익힐 수 있다. 아래팔을 단련하는 효과도 있다.

1. 벽을 향해 셔틀콕을 친다

지도자 MEMO
벽 치기는 초급자는 물론 정상급 선수들에게도 효과가 있는 방법이다. 사람과 주고받을 때보다 셔틀콕이 빠르게 돌아오기 때문에 항상 집중해야 한다. 자세를 낮춰 셔틀콕을 칠 준비를 하고 강하게 받아넘기는 감각을 익힌다. 벽의 돌출부로 인해 예상하지 못한 방향으로 셔틀콕이 온다면 빠르게 움직여서 대응한다. 일반 라켓을 사용해도 된다.

제 9 장
서비스 & 서비스 리턴

서비스와 서비스 리턴은 경기의 승패를 좌우하는 중요한 요소다. 첫 서비스부터 주도권을 잡고 경기를 유리하게 끌고 가기 위해서는 늘 실전처럼 연습해야 한다.

MENU 097 목표물을 두고 롱 서비스 연습하기

기술 해설(단식)

단계 초급
횟수 좌우 코트 20회씩 3~5세트

목표 단식의 기본 서비스인 롱 서비스를 연습할 때는 건너편 코트 뒤쪽에 셔틀콕 보관통, 의자, 바구니 등의 목표물을 둔다. 자신의 타이밍에 맞춰 셔틀콕을 치면서 높고 멀리 날려 보내는 스윙을 익힌다.

앞에서 본 모습

① 준비 자세를 취하고 토스를 한다

② 셔틀콕을 몸 앞에 두고 친다

③ 라켓을 끝까지 휘두른다

옆에서 본 모습

☑ **CHECK!**
왼발이 앞에 오도록 준비 자세를 취하고 셔틀콕을 어깨 부근에서 떨어뜨린다.

☑ **CHECK!**
뒷발에서 앞발로 무게 중심을 이동시키며 셔틀콕을 몸 앞에 두고 친다.

☑ **CHECK!**
팔꿈치와 손목을 부드럽게 사용하며 원심력을 이용해 셔틀콕을 높고 멀리 날려 보낸다.

1대1 연습 롱 서비스 → 스매시 → 쇼트 리시브 순으로 연습하기

단계 초~중급
횟수 좌우 코트 20회씩

목표 롱 서비스를 넣고 중앙에서 준비 자세를 취한 뒤 상대의 스매시를 짧게 받아넘긴다. 서비스부터 쇼트 리시브까지의 랠리를 유리하게 끌고 가려면 서비스를 코트 깊숙한 곳으로 넣어야 한다.

★ 기술 포인트

롱 서비스

☑ **CHECK!** 셔틀콕을 코트 뒤쪽으로 높게 보내 중앙에서 다음 동작을 준비할 시간을 번다.

중앙에서 준비 자세를 취한다

☑ **CHECK!** 서비스를 넣은 뒤에는 중앙에서 자세를 낮추고 상대의 스매시에 대비한다.

쇼트 리시브

☑ **CHECK!** 발을 움직여 셔틀콕을 몸 앞에 두고 확실하게 받아넘긴다.

① 롱 서비스를 넣는다
② 상대가 스매시를 한다
③ 쇼트 리시브를 한다

▶ 좌우 코트를 바꿔서도 연습한다.

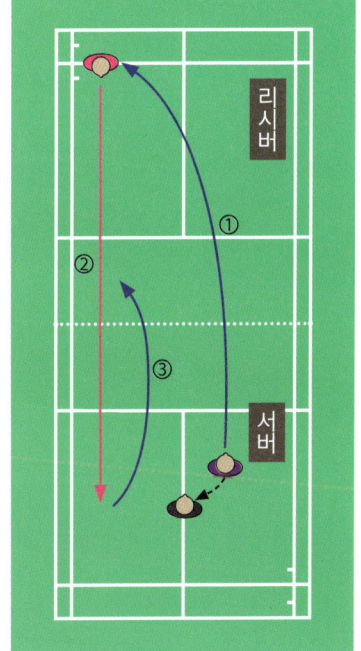

조언

처음에는 셔틀콕의 코스를 정하지 않아도 된다. '서비스를 너무 약하게 넣지 않는다', '서비스를 넣은 뒤에는 바로 중앙에서 준비 자세를 취한다', '셔틀콕을 확실하게 받아넘긴다'. 이 세 가지를 주의하며 연습한다.

MENU 099

1대1 연습 롱 서비스→스매시→쇼트 리시브→로브→스매시 순으로 연습하기(단식)

단계 중급
횟수 좌우 코트 10회씩

목표 롱 서비스→스매시→쇼트 리시브 순으로 셔틀콕을 주고받으며 수비에서 공격으로 전환한다. 단식 경기에 자주 등장하는 패턴이므로 꾸준히 연습하자.

1 롱 서비스를 한 뒤 되돌아온 셔틀콕을 상대 네트 앞에 떨어뜨린다

① 롱 서비스를 넣는다 → ② 상대가 스매시를 한다 → ③ 쇼트 리시브를 한다.

2 쇼트 리시브를 상대가 로브로 걸어 올리면 스매시로 받아치며 공격으로 전환한다

상대가 로브로 셔틀콕을 걸어 올리면(④) 서버는 스매시로 받아친다(⑤). 단식 경기에 자주 등장하는 패턴이므로 잘 익히도록 하자. 연습할 때 미리 예측하고 움직이지 않도록 주의한다.

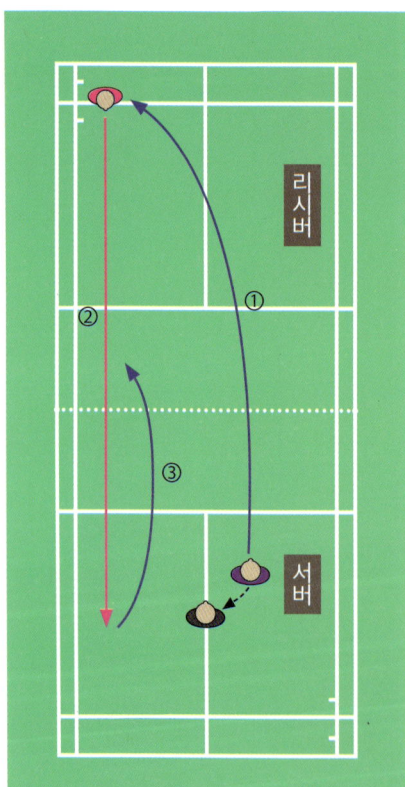

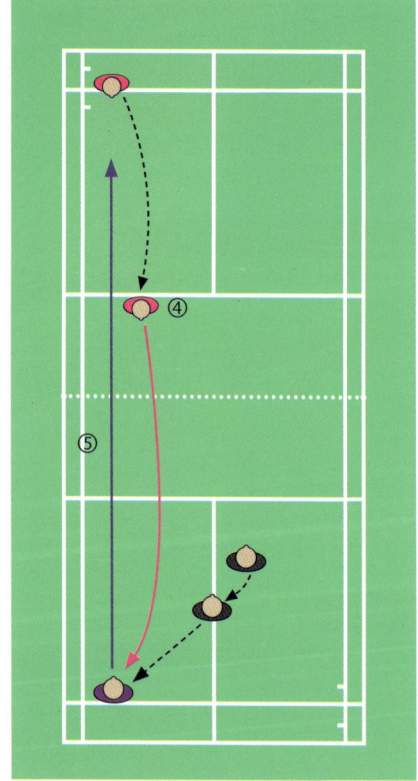

☑ **CHECK!** 롱 서비스를 넣을 때는 셔틀콕을 코트 뒤쪽까지 날려 보낸다. 서비스를 넣고 중앙으로 이동하면서 상대의 움직임을 잘 살핀다.

☑ **CHECK!** 셔틀콕을 어디로 보내든 상관없지만 처음에는 방향을 정해도 좋다.

1대1 연습

롱 서비스→클리어→스매시 순으로 연습하기(단식)

단계 중급
횟수 좌우 코트 10회씩

롱 서비스를 클리어로 받아치면 중앙에서 뒤로 물러서며 스매시를 한다. 서버는 리시버가 스매시나 커트를 할 것으로 예측하고 준비하다가 클리어에 대응한다. 예측에서 벗어나 어렵게 받아넘기는 상황을 상정해 연습한다.

① 롱 서비스를 넣는다

② 상대가 클리어를 한다

③ 뒤로 물러서며 스매시를 한다

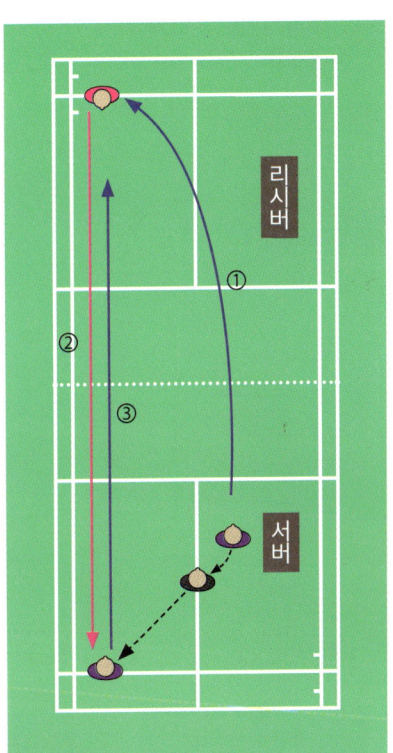

조언

롱 서비스를 넣은 뒤 상대가 스매시로 받아칠 것을 예측하고 준비했는데, 클리어로 받아치는 상황을 설정한다. 셔틀콕이 높게 날아올 것을 예측하고 자세를 낮추지 않거나 미리 움직이면 연습하는 의미가 없다. 어느 정도 익숙해지면 셔틀콕 낙하 지점에 일부러 늦게 들어가 불리한 상황을 만들어보기도 한다. 셔틀콕을 어디로 보내든 상관없지만 처음 연습할 때는 방향을 정해도 좋다.

MENU 101 — 연줄을 사용해 쇼트 서비스 연습하기

[기술 해설]

단계 중급
횟수 좌우 코트 20회씩 3~5세트

목표 복식 경기에서는 쇼트 서비스가 네트 위로 뜨면 바로 반격을 당하기 쉽다. 가끔은 네트 위에 연줄을 매달아놓고 부담감을 느끼며 연습해보자. 약점을 극복해 얻은 기술과 자신감은 평생의 재산이 된다.

① 준비 자세를 취하고 서비스를 넣을 때까지 움직이지 않는다

② 셔틀콕을 몸 앞에 두고 친다

③ 라켓을 끝까지 휘두른다

뒤에서 앞으로 무게 중심을 이동시킨다

지도자 MEMO

네트 위로 셔틀콕을 1~2개 정도 쌓은 높이에 연줄이나 끈을 매달아놓고 그 사이로 쇼트 서비스를 넣도록 한다. 부담감 속에서도 정확하게 넣을 수 있도록 연습시킨다.

앞에서 본 모습

☑ **CHECK!**
서비스를 넣을 때는 셔틀콕이 코트 바닥으로부터 1.15m 이하에 있어야 한다.

☑ **CHECK!**
셔틀콕을 친 뒤 다음 동작을 준비하기 위해 바로 라켓을 든다.

MENU 102 — 쇼트 서비스 후 공격으로 전환하기 (단식)

(1대1 연습)

| 단계 | 중급 |
| 횟수 | 좌우 코트 10회씩 |

쇼트 서비스를 넣은 뒤 공격으로 전환하는 패턴은 단식에서 자주 사용된다. 상대의 헤어핀을 헤어핀으로 받아치고 네트 앞에서 상대를 경계하며 로브에 대응한다. 우선 서비스의 질을 높이는 것부터 시작한다.

① 쇼트 서비스를 헤어핀으로 넘겨주면 다시 헤어핀으로 받아친다

① 쇼트 서비스 → ② 상대가 헤어핀을 한다 → ③ 헤어핀으로 받아친다. 서버는 상대가 헤어핀을 한 순간 바로 네트 앞으로 나와 헤어핀을 해야 한다.

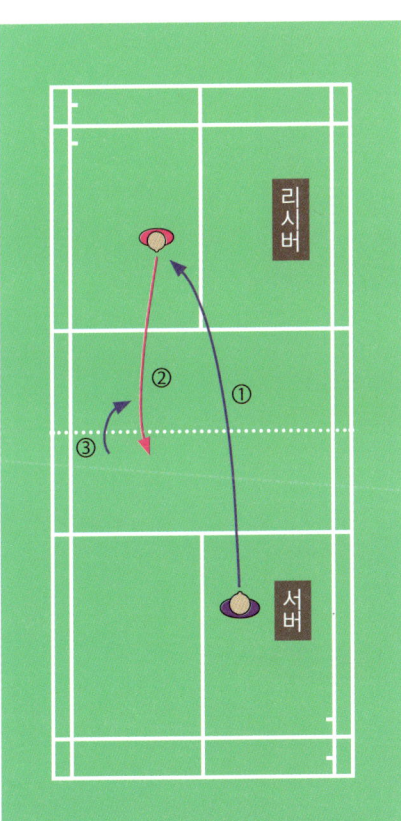

② 상대가 로브를 하도록 유도해 공격으로 전환한다

네트 앞을 의식하면서, 상대가 로브로 받아치면 ④ 빠르게 뒤로 물러서서 스매시를 한다 ⑤. 앞뒤로 재빨리 움직일 수 있도록 집중하며 대응한다.

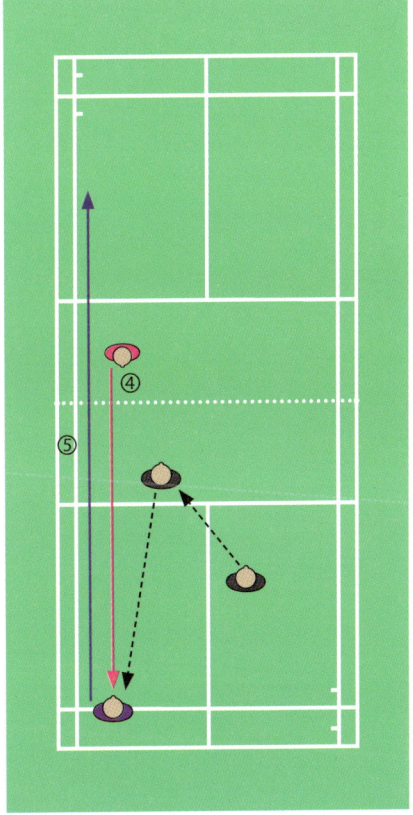

✓ CHECK! 상대에게 푸시 공격을 당하지 않도록 헤어핀으로 받아칠 수밖에 없는 서비스를 넣는다.

✓ CHECK! 셔틀콕을 어디로 보내든 상관없지만 처음에는 방향을 정하거나 코트 한쪽 면에서만 연습해도 좋다.

1대 1 연습 쇼트 서비스 후 상대의 공격을 막고 역공하기 (단식)

단계 중급
횟수 좌우 코트 10회씩

 리시버가 쇼트 서비스를 어택 로브로 받아치면 서버는 사이드 온 점프 스매시를 한다. 상대의 공격을 역이용해 반격의 기회를 만드는 것이다. 언제든 네트 앞으로도 움직일 수 있도록 준비한 상태에서 스매시를 한다.

① 쇼트 서비스를 한다

② 상대가 어택 로브를 한다

높은 타점에서 낮고 빠르게 구사한다

③ 약간 옆으로 선 자세에서 점프 스매시를 한다

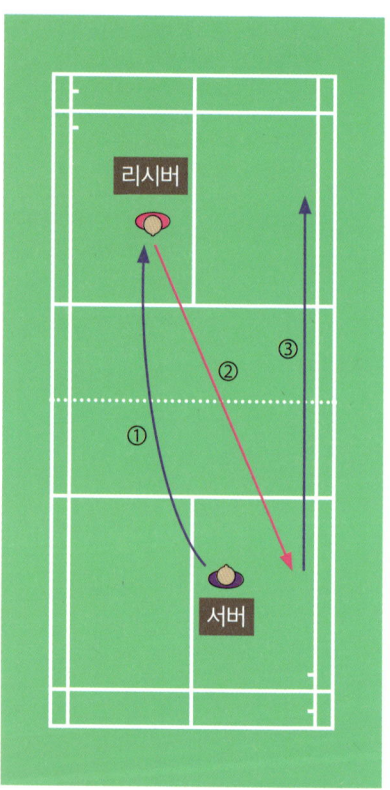

조언

상대의 어택 로브를 사이드 온 점프 스매시로 받아치며 공격으로 전환하는 연습이다. 리시버는 스매시를 할 수 있을 정도의 로브를 구사해준다. 어느 정도 익숙해지면 받아치기 어렵게 로브를 하거나 속임 동작을 해도 된다. 서버는 미리 움직이지 않도록 하자. 스매시를 할 수 없는 상황이라면 랠리를 이어가는 플레이를 한다.

1 대 1 연습

쇼트 서비스 후 3구까지 연습하기(단식)

단계 중~상급
횟수 좌우 코트 10회씩

목표 쇼트 서비스 후 3구 공격까지를 1 대 1로 연습한다. 시합이라고 생각하며 점수를 매기고 좌우 코트를 번갈아 가며 연습한다. 실수한 횟수만큼 벌칙 게임을 시키는 등 긴장감을 늦추지 않게 한다.

★ 기술 포인트

쇼트 서비스를 로브로 받아친다

☑ **CHECK!** 서비스가 까다로울 때는 로브를 한다. 높이, 속도, 방향을 잘 생각하며 셔틀콕을 친다.

쇼트 서비스를 네트 앞에서 받아친다

☑ **CHECK!** 네트 앞에서 리턴할 때는 더 높은 위치에서 셔틀콕을 친다. 서버의 목적은 상대가 로브를 하도록 유도하는 것이다.

① **쇼트 서비스 후 3구까지 자유롭게 주고받는다**

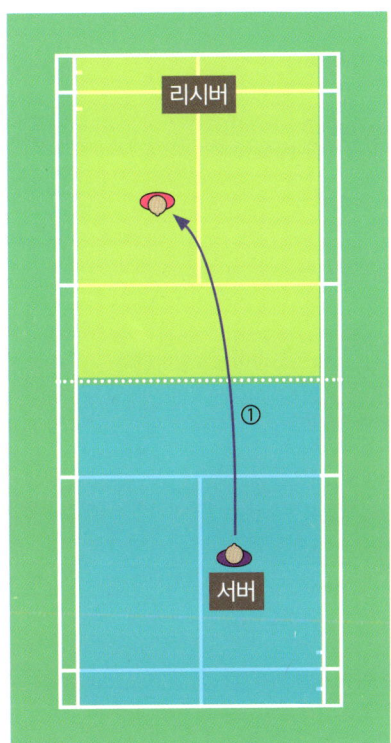

조언

리시버는 상대의 움직임을 잘 살펴보면서 셔틀콕을 받아치기 어렵게 리턴한다. 단, 실수는 금물이다. 상대의 자세를 무너뜨려 자신에게 유리한 상황을 만드는 것이 목적이다. 점수를 19 대 19로 설정해 긴장감을 높이는 방법도 사용해본다.

MENU 105

| 1대1 연습 | 쇼트 서비스→쇼트 드라이브→푸시 순으로 연습하기(복식) | 단계 중급 / 횟수 좌우 코트 10회씩 |

목표 쇼트 서비스를 쇼트 드라이브로 리턴했을 때 푸시로 되받아치는 패턴은 복식에서 자주 사용된다. 서버가 랠리의 주도권을 쥐려면 3구를 잘 처리해야 한다. 서비스를 넣은 뒤 바로 라켓을 들고 준비한다.

① 쇼트 서비스를 넣는다

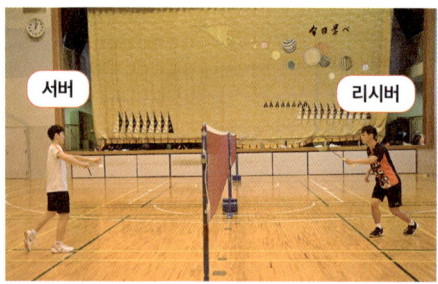

② 쇼트 드라이브로 받아친다

라켓을 세우고 셔틀콕을 칠 준비를 한다

③ 서버가 푸시를 한다

머리를 숙여 셔틀콕을 피한다

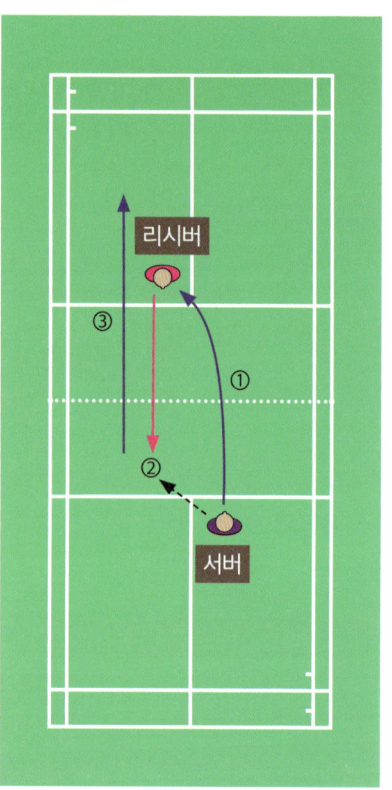

조언

복식 경기에서 서버가 서비스를 넣고 3구를 잘 처리하면 유리한 전개를 펼칠 수 있다. 서비스를 넣은 뒤 바로 라켓을 들고 셔틀콕을 칠 준비를 한다. 그다음 짧게 스텝을 밟으며 간결한 스윙으로 푸시를 한다. 상대의 리턴에 따라 득점을 노릴지, 좀 더 압박할지를 선택한다.

MENU 106 | 1대1 연습

쇼트 서비스→헤어핀→푸시 순으로 연습하기(복식)

단계 중급
횟수 좌우 코트 10회씩

쇼트 서비스를 헤어핀으로 리턴했을 때 푸시로 되받아치는 패턴은 복식에서 자주 사용된다. 시합을 한다고 생각하며 집중력을 높여 서비스를 넣은 뒤 빠르게 라켓을 들고 네트 앞으로 나온다. 스윙은 간결하게 한다.

1) 쇼트 서비스를 넣는다

서버 / 리시버

2) 헤어핀으로 받아친다

네트 앞으로 바짝 다가간다

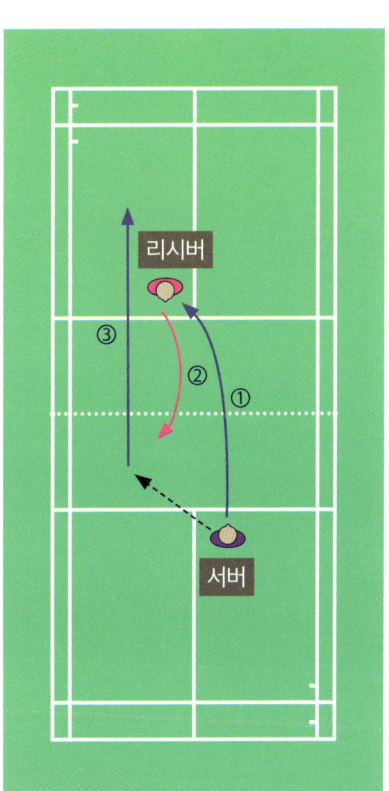

리시버 / 서버

3) 서버가 푸시를 한다

네트 앞에서 셔틀콕을 밀듯이 친다

조언

서버가 3구를 잘 처리하려면 리시버가 라켓을 내린 순간 네트 앞으로 바짝 다가가야 한다. 팔로만 치지 않도록 짧게 스텝을 밟으며 이동하자. 리시버는 셔틀콕을 어디로 보내든 상관없고 너무 공격적으로 치지 않아도 된다. 어느 정도 익숙해지면 셔틀콕을 다양한 코스로 보내보자.

 2대1 연습

쇼트 서비스→푸시→리시브→푸시 순으로 연습하기(복식)

단계 중급
횟수 좌우 코트 10회씩

목표 이 연습은 리시버 입장에서 하는 패턴 연습이다. 상대의 쇼트 서비스를 푸시로 받아치고 상대 파트너가 리시브를 했을 때 다시 푸시로 받아치는 패턴은 복식에서 자주 사용된다. 리시버는 서비스를 넣는 팀 후위 선수의 몸쪽을 노려 푸시를 하고 네트 앞으로 나와 재차 푸시로 마무리하는 패턴을 익힌다.

1 서비스 리턴을 상대 파트너가 처리하게 한다

상대 팀 전위 선수가 쇼트 서비스를 넣으면(①) 후위 선수의 몸쪽으로 푸시를 해(②) 셔틀콕이 코트 중앙으로 오도록 유도한다.

2 상대가 받아넘긴 셔틀콕을 네트 앞에서 밀어 넣는다

상대 팀 후위 선수가 드라이브로 리시브를 하면(③) 네트 앞에서 셔틀콕을 밀어 넣는다(④). 서비스부터 4구까지 빠르게 진행한다.

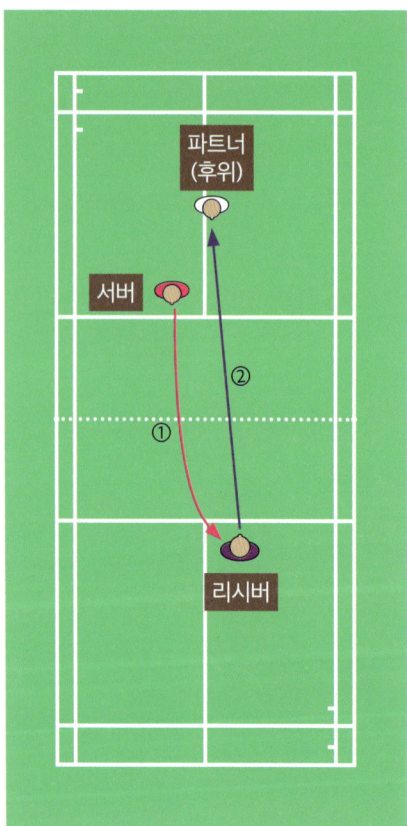

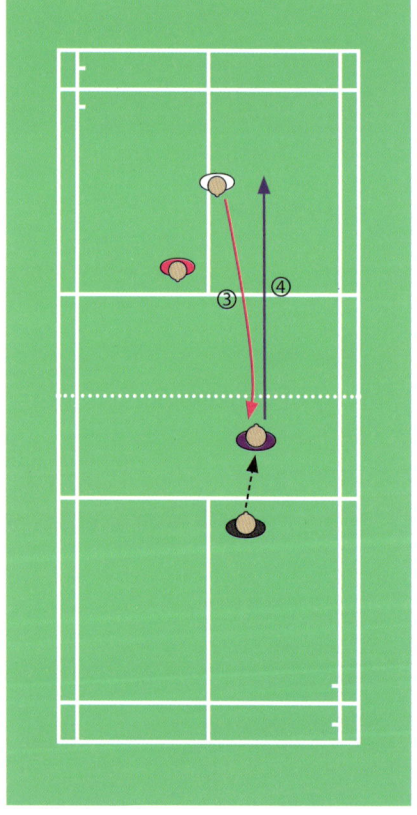

✅ **CHECK!** 리시버는 미리 움직이지 않는다. 롱 서비스도 경계하며 준비 자세를 취한다.

✅ **CHECK!** 푸시를 한 뒤 바로 라켓을 들고 준비 자세를 취한다.

MENU 108 | 2 대 2 연습

서비스 후 4구 공격 연습하기(복식)

| 단계 | 중~상급 |
| 횟수 | 좌우 코트 10회씩 |

목표 서비스 후 4구까지 2 대 2로 연습한다. 공격적인 플레이를 해도 된다. 긴장감을 늦추지 않도록 실수하면 1점을 내주는 방식으로 연습한다.

⭐ 기술 포인트

쇼트 서비스를 푸시로 받아친다

서비스를 넣은 쪽

☑ **CHECK!** 리시버는 확실하게 푸시를 한다. 서비스를 넣은 쪽은 푸시에 대응한다.

롱 서비스를 스매시로 받아친다

서비스를 넣은 쪽

☑ **CHECK!** 리시버는 롱 서비스를 스매시로 받아치고 서비스를 넣은 쪽은 방어한다.

① 2 대 2로, 서비스 후 4구까지 자유롭게 주고받는다

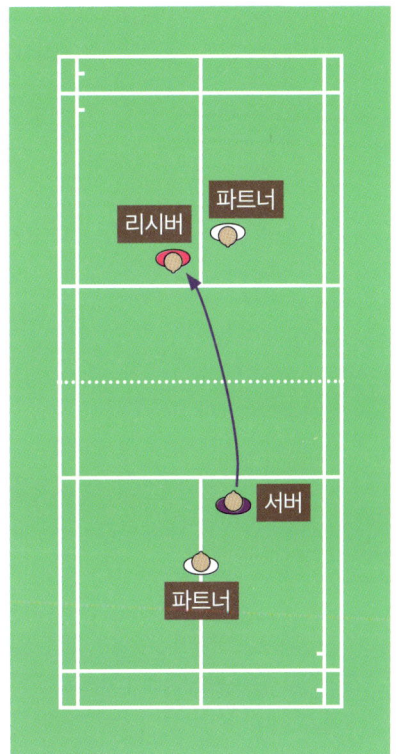

파트너 / 리시버 / 서버 / 파트너

조언

네 명 모두 집중력을 유지하고 시합이라고 생각하며 진검승부를 펼친다. 서비스는 쇼트로 해도 되고 롱으로 해도 된다. 어느 정도 익숙해지면 실수 시 상대에게 1점을 내주거나 벌칙 게임을 하는 등 긴장감을 조성하는 방법을 고안한다.

COLUMN

단체전에 도전하는 의미는 무엇인가
— 사이타마사카에 고등학교 남자 배드민턴부 감독 오야 다카시 —

사이타마사카에 고등학교에서는 전국 최고를 목표로 하는 선수들이 모여 최선을 다해 연습하고 있다. 팀원 모두의 목표는 단체전 우승인데 이는 예전부터 변하지 않는 전통이다.

배드민턴은 개인 경기지만 사이타마사카에 고등학교는 단체전을 더 중요시한다. 단체전에서 이기면 팀 전원이 기쁘기 때문이다. 모든 선수가 시합에 출전할 수는 없지만 주전 선수들의 힘만으로 이길 수 있는 것은 아니다. 옆에서 지원해주고 응원해주는 동료들이 있기에 우승을 노릴 수 있는 것이다. 팀 전원이 최고가 되는 것을 목표로 싸우기에 우승하면 다 같이 기뻐한다.

사이타마사카에 고등학교가 전국 대회라는 큰 무대에서 힘을 낼 수 있는 이유는 '세계 최고의 연습 게임을 한다'고 말할 수 있을 정도로 연습량이 많고 질 또한 높기 때문이다. 연습 게임을 통해 경기 상황에 익숙해지는 것은 물론 동료 선수들과 경쟁함으로써 정신력도 키울 수 있다. 전국 대회보다 연습 게임이 더 힘들다는 선수도 있을 정도다.

대회가 임박하면 많은 졸업생들이 연습 상대가 되어준다. 졸업생들은 대학교나 실업팀에 소속되어 있어 본인 팀 연습도 해야 하는데 일부러 시간을 내서 와주는 것이다. '열심히 연습해서 우승하라'는 응원의 말도 빼놓지 않는다. 팀 전원은 전국 최고를 목표로 연습하면서 이런 경험을 통해 코칭스태프, 보호자, 졸업생 등 자신을 지원해주는 사람이 많다는 사실을 깨닫게 된다. 그럴수록 우승이라는 결과로 보답하고 싶다는 생각이 강해져 팀의 결속력이 좋아진다.

단체전에 도전하는 것은 팀에게나 선수에게나 큰 도움이 된다. 전국 우승을 차지한 선수들이 기쁨을 누리며 도움을 준 선배나 초·중학교의 은사들에게 연락하는 모습을 보면 새로 들어오는 선수들에게도 이 기쁨을 맛보게 해주고 싶다.

제 **10** 장
단식 강화 메뉴

혼자 싸우는 단식 경기에서 이기려면 강한 정신력, 기술, 체력이 필요하다.
2 대 1이나 3 대 1로 연습 게임을 하다 보면 부담감을 이겨내는 방법을 배울 수 있다.

MENU 109 （1대1 연습）

올코트에서 클리어 주고받기

단계 중급
시간 5분

목표 단식 경기에서 빼놓을 수 없는 클리어를 올코트에서 주고받는다. 실전에 가까운 연습 메뉴이다. 체력, 인내심, 집중력을 유지하면서 5분 동안 실수 없이 랠리를 진행한다.

1 올코트에서 1 대 1로 5분 동안 클리어를 주고받는다

☑ **CHECK!** 높이와 방향을 달리하면서 셔틀콕을 코트 뒤쪽으로 날려 보낸다.

 기술 포인트

클리어의 두 가지 타점

| 하이클리어 | 드리븐 클리어 |

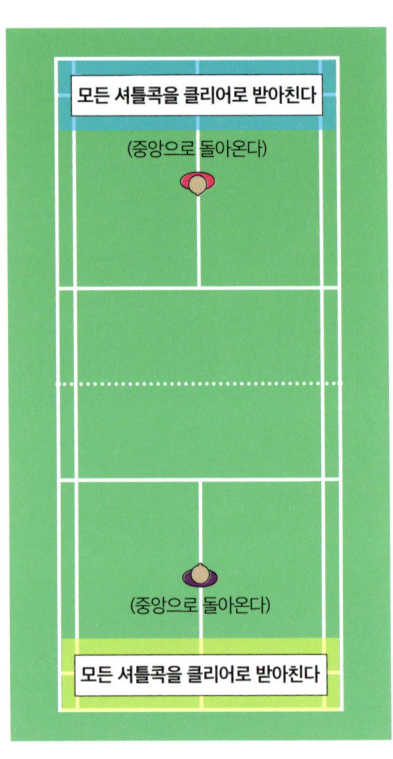

모든 셔틀콕을 클리어로 받아친다
(중앙으로 돌아온다)

(중앙으로 돌아온다)
모든 셔틀콕을 클리어로 받아친다

☑ **CHECK!** 낮고 빠른 드리븐 클리어의 타점은 하이 클리어보다 약간 낮다.

조언

단식 경기의 랠리를 상상하며 어떤 높이와 방향으로 셔틀콕을 보내야 몰아붙일 수 있을지 상대의 자세를 살펴본다. 자신에게 불리한 상황일 때는 하이 클리어로 받아쳐서 시간을 번다. 낙하 지점으로 빠르게 이동하지 않으면 팔로만 치게 되어 셔틀콕이 코트 뒤쪽까지 날아가지 않고 턱이 들려 목에도 부담이 되니 주의하자. 셔틀콕을 친 뒤에는 중앙으로 돌아와 준비 자세를 취한다.

MENU 110 (1대 1 연습)

단계 중급
시간 5분

올코트에서 커트 번갈아 주고받기

목표 올코트에서 커트를 번갈아 주고받으며, 랠리에서 유리한 상황을 만드는 방법, 공격적인 플레이를 하는 방법, 불리한 상황을 모면하는 방법을 익힌다. 실수는 잊지 말고 연습을 통해 극복하자.

1 1대 1로 5분 동안 커트를 번갈아 주고받는다

①커트→②헤어핀→③로브→④커트 순으로 구사한다. 공격적인 플레이를 하는 등 자유롭게 주고받아도 된다.

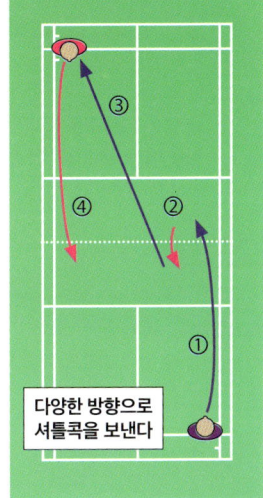

다양한 방향으로 셔틀콕을 보낸다

조언
헤어핀을 로브로 받아칠 때 미리 코트 뒤쪽으로 움직이지 않도록 주의하자. 상대가 다시 헤어핀을 할 것으로 예측한 듯 네트 플레이를 준비하다가 코트 뒤쪽으로 이동한다. 좋은 자세로 치지 못해 불리한 상황이 되면 랠리를 이어가고자 수비적인 커트를 하며 위기를 모면한다. 상황에 따라 상대를 압박하는 공격적인 커트를 해도 된다.

MENU 111 (1대 1 연습)

단계 중급
시간 5분

올코트에서 스매시 번갈아 주고받기

목표 스매시를 번갈아 주고받을 때는 로브나 쇼트 리시브에 대응하는 포지셔닝이 중요하다. 상대의 로브를 스매시로 받아칠 때는 자신의 자세에 따라 득점을 노릴지, 랠리를 이어갈지 판단한다.

1 1대 1로 5분 동안 스매시를 번갈아 주고받는다

①스매시→②쇼트 리시브→③로브→④스매시 순으로 구사한다. 셔틀콕을 어디로 보내든 상관없다. 두 명 모두 공격적인 플레이를 해도 된다.

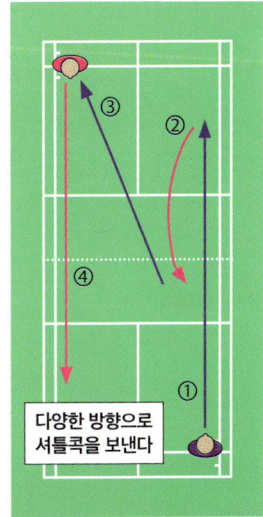

다양한 방향으로 셔틀콕을 보낸다

조언
로브나 쇼트 리시브에 대응할 수 있도록 두 선수 모두 적절히 위치를 잡는다. 스매시를 한 뒤에는 셔틀콕이 날아가는 방향으로 전진한다. 리시브를 할 때는 직선 방향으로 빠르게 날아오는 셔틀콕에 대비하는 것이 기본이다. 커트를 번갈아 주고받을 때와 마찬가지로 미리 움직이지 않도록 주의하자.

MENU 112　(2 대 1 연습)

모든 셔틀콕을 짧게 보내기

단계 중급
시간 5분

목표　두 명이 한 명을 압박하는 메뉴이다. 한 명은 5분 동안 쉼 없이 움직이며 셔틀콕을 받아친다. 힘든 상황을 극복하고 랠리를 이어가다 보면 체력, 기술, 정신력을 단련할 수 있다.

① 두 명은 셔틀콕을 어디로 보내든 상관없다. 한 명은 모든 셔틀콕을 상대 네트 앞에 떨어뜨린다

조언

한 명은 전후좌우로 움직이면서 모든 셔틀콕을 상대 네트 앞에 떨어뜨린다. 힘들수록 발을 사용해 셔틀콕을 쫓아야 한다. 코트 한쪽 면에서만 움직이는 두 명은 네트 앞에서 기다리면 안 된다. 반드시 중앙에서 네트 쪽으로 움직이며 한 명을 몰아붙여야 하며, 때로는 치기 쉽게 셔틀콕을 보내기도 하는 등 셔틀콕 컨트롤 연습이라고 생각하며 임한다. 연습의 질은 두 명에게 달려 있다.

모든 셔틀콕을 상대 네트 앞에 떨어뜨린다

MENU 113　(2 대 1 연습)

모든 셔틀콕을 길게 보내기

단계 중급
시간 5분

목표　두 명이 한 명을 압박하는 메뉴이다. 한 명은 셔틀콕을 코트 뒤쪽으로 보내는 클리어, 네트 앞에 떨어뜨리는 커트와 드롭, 빠르게 내리치는 스매시 등을 받아쳐 상대 코트 뒤쪽으로 확실히 보내 불리한 상황에서 벗어나는 법을 익힌다.

① 두 명은 셔틀콕을 어디로 보내든 상관없다. 한 명은 모든 셔틀콕을 상대 코트 뒤쪽으로 보낸다

조언

한 명은 상대가 코트 뒤쪽에서 받아치도록 셔틀콕을 멀리 보낸다. 라켓을 확실히 휘두르려면 미리 발을 움직여야 한다. 셔틀콕을 코트 뒤쪽까지 보낼 수 없을 때는 셔틀콕을 높게 띄워 다음 동작을 준비할 시간을 번다. 두 명은 속임 동작을 섞어가며 클리어, 스매시, 커트를 한다. 랠리가 이어지지 않을 때는 한 명이 짧게 받아치는 등 자유롭게 리턴해도 좋다.

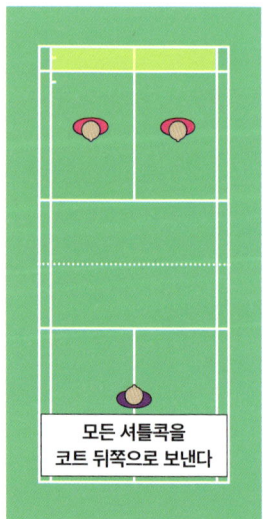

모든 셔틀콕을 코트 뒤쪽으로 보낸다

3 대 1 연습

리시브 강화하기

단계 중~상급
시간 5분

목표 세 명의 공격을 한 명이 방어하는 메뉴로 실제 경기보다 더 어려운 상황을 만들어 리시브를 강화시킨다. 리시브 능력뿐만 아니라 공격을 당하기 전에 구사하는 샷의 정확도도 높이도록 한다.

① **두 명이 후위를 담당하고 한 명이 전위를 담당한다. 반대편의 리시버는 세 명의 공격을 혼자서 방어한다**

후위 선수는 스매시, 커트, 클리어를 6:3:1의 비율로 구사한다. 전위 선수는 헤어핀, 로브, 푸시로 상대를 압박한다.

조언

방어하는 한 명은 빠르게 발을 움직여 리시브를 컨트롤한다. 공격을 당하기 전부터 샷의 정확도와 위치 선정 능력을 높여 대응하도록 하자. 반대편 후위 선수들은 움직임이 적은 만큼 스매시, 커트, 때로는 클리어를 실수 없이 구사해야 한다. 전위 선수도 실수는 금물이다. 빈 곳으로 정확하게 셔틀콕을 보낼 수 있도록 연습한다.

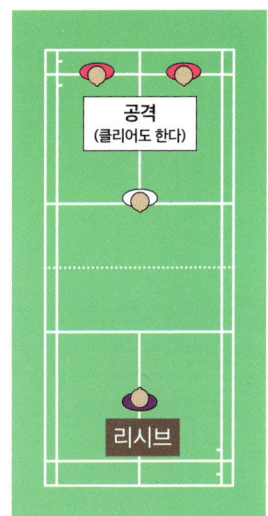

---

2 대 1 연습

스매시 & 네트 플레이

단계 중급
시간 5분

목표 스매시와 네트 플레이를 하는 한 명은 코트에서의 발놀림 및 상대의 로브를 유도하는 헤어핀의 질을 향상시키면서 공격력과 체력을 강화한다. 방어하는 두 명은 셔틀콕 컨트롤하는 방법을 익힌다.

① **한 명은 스매시와 네트 플레이를 한다. 두 명은 코트를 반으로 나눠 자신의 영역을 지키며 반대편 선수를 움직이게 만든다**

①스매시→②쇼트 리시브→③헤어핀→④로브

조언

한 명은 좋은 자세로 스매시를 한 뒤 빠르게 움직여 네트 앞으로 나온다. 그런 뒤 상대의 쇼트 리시브를 높은 위치에서 헤어핀으로 받아치고, 네트 앞으로 바짝 다가가 상대가 공격적인 로브를 못 하게 한다. 공격 연습을 하다 보면 좋은 샷을 쳐야 기회가 생긴다는 것을 체감할 것이다. 자세가 무너졌을 때는 랠리를 이어가기 위한 스매시를 한다.

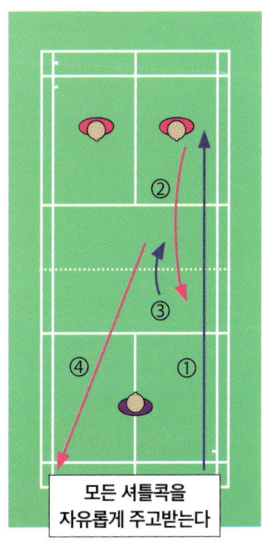

MENU 116 (2대1 연습)

올코트에서 자유롭게 주고받기(2 대 1)

단계 중~상급
시간 5분

목표 메뉴 116은 한 명에게 큰 부담을 주는 연습이다. 두 명을 상대로 아무리 공격해도 승부가 나지 않는 상황에서 집요하게 셔틀콕을 치며 긴 랠리를 이어간다. 체력과 정신력을 단련할 수 있다.

① 2 대 1로 셔틀콕을 자유롭게 주고받는다

반드시 서비스부터 시작한다. 두 명은 코트를 반으로 나눠 자신의 영역만 커버한다.

★ **기술 포인트**

두 명은 옆으로 나란히 선다

코트 한쪽 면씩 커버한다
(로테이션은 하지 않는다)

셔틀콕을 자유롭게 주고받는다

☑ **CHECK!** 두 명은 로테이션을 하지 않고 코트 한쪽 면에서만 움직인다.

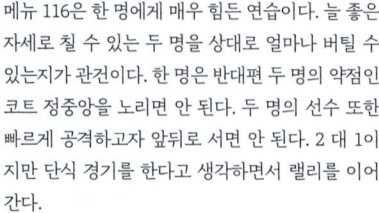

조언

메뉴 116은 한 명에게 매우 힘든 연습이다. 늘 좋은 자세로 칠 수 있는 두 명을 상대로 얼마나 버틸 수 있는지가 관건이다. 한 명은 반대편 두 명의 약점인 코트 정중앙을 노리면 안 된다. 두 명의 선수 또한 빠르게 공격하고자 앞뒤로 서면 안 된다. 2 대 1이지만 단식 경기를 한다고 생각하면서 랠리를 이어간다.

지도자 MEMO

열심히 연습하도록 점수를 매겨도 되지만 이기는 것만이 목적이 되지 않도록 주의하자. 랠리를 이어가면서 세 명 각자의 장단점을 파악한다. 실력이 뛰어난 선수가 있다면 그 선수를 상대로 두 명이 공격하게 한다. 그 과정을 통해 압박감을 이겨내는 방법을 익힐 수 있다.

10 단식 강화 메뉴

MENU 117　(1 대 1 연습)

단계 중~상급
시간 10분

스매시를 하지 않고 자유롭게 주고받기

 목표

실전에서 가장 강력한 공격 기술인 스매시를 하지 않고 상대를 무너뜨려 점수를 얻는다. 다양한 플레이를 연마하기 위한 연습이다. 랠리가 길게 이어지므로 체력과 풋워크 실력도 향상된다.

1 올코트에서 1 대 1로 연습한다. 스매시를 하지 않고 자유롭게 셔틀콕을 주고받는다

 조언

스매시를 하지 않는 이유는 강타에만 의존하지 않기 위함이다. 체격이 좋은 선수는 스매시 한 방으로 승부를 결정짓고 싶어 하지만 수준 높은 선수들에게는 그런 전략이 통하지 않는다. 실수하지 않도록 주의하며 클리어, 커트, 드롭, 헤어핀, 로브로 상대를 무너뜨리자. 실수를 범하기 쉬운 스매시를 구사하지 않으니 랠리가 길어질 것이다. 체력과 집중력을 유지하며 끝까지 싸워 경기에서 이길 수 있는 힘을 기르자.

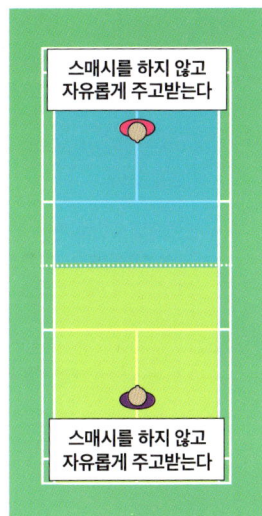

스매시를 하지 않고 자유롭게 주고받는다

스매시를 하지 않고 자유롭게 주고받는다

MENU 118　(1 대 1 연습)

단계 중~상급
시간 10분

올코트에서 자유롭게 주고받기(1 대 1)

 목표

아무 제약 없이 1 대 1로 셔틀콕을 주고받는다. 지금까지 익힌 기술들을 활용하며 최선을 다해 승부를 겨룬다. 점수를 매겨도 되고 시간을 짧게 나눠 여러 사람과 연습 게임을 해도 된다.

1 올코트에서 1 대 1로 자유롭게 셔틀콕을 주고받는다

지도자 MEMO

단식 경기를 하는 것처럼 21점에 먼저 도달하는 진검승부를 펼치면 계속 패하는 선수가 나오기도 한다. 그런 선수에게는 '잘 풀리지 않을 때일수록 긍정적으로 생각하자'는 응원의 말을 해준다. 경기를 하다 보면 뭘 해도 안 되는 날이 있기 마련이다. 그럴 때는 잘 안 되는 원인을 파악하고 개선하려고 노력하자. 계속 이기는 선수에게는 '잘될 때일수록 방심하지 말자'는 말을 해주며 선수의 강점을 자각시켜준다.

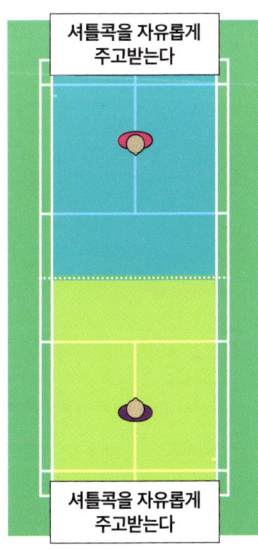

셔틀콕을 자유롭게 주고받는다

셔틀콕을 자유롭게 주고받는다

하이 백핸드 스트레이트 커트 후 직선으로 주고받기

단계 중급
횟수 10회 3~5세트

목표 백사이드 뒤쪽으로 몰렸을 때 사용하는 하이 백핸드 스트로크는 단식 경기에서 이기기 위해 필요한 기술이다. 스트레이트 커트로 시작해 매일 꾸준히 연습하면서 셔틀콕 치는 감각을 익히자.

1. 하이 백핸드 스트레이트 커트를 한다
2. 스트레이트 헤어핀을 한다
3. 스트레이트 헤어핀으로 받아친다
4. 스트레이트 로브를 한다

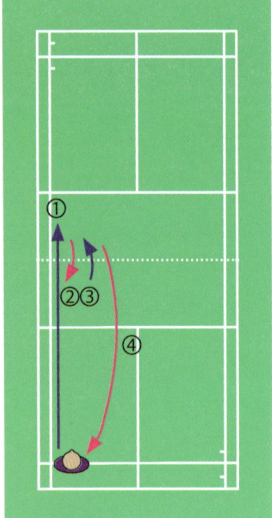

조언
하이 백핸드 스트로크는 매일 꾸준히 연습해야 익힐 수 있는 기술이다. 우선 셔틀콕을 라켓 면에 맞추는 감각부터 익히자.

기술 포인트
하이 백핸드 그립 잡는 방법

✅ **CHECK!**
사람마다 잡는 방법이 다르지만 라켓의 좁은 면에 엄지를 대는 경우가 많다.

기술 포인트
하이 백핸드 스트레이트 커트의 기본자세

✅ **CHECK!**
등을 상대 코트 쪽으로 향하게 하고 오른발을 내디딘다. 뒤꿈치부터 착지한다.

✅ **CHECK!**
날아오는 셔틀콕을 라켓 면에 맞춘다.

✅ **CHECK!**
스트레이트로 치고 싶을 때는 라켓을 직선 방향으로 휘두른다.

MENU 120 — 하이 백핸드 크로스 커트 후 직선, 대각선으로 주고받기

기술해설 (1대1)

단계 중급
횟수 10회 3~5세트

단식 강화 메뉴

목표 백사이드 뒤쪽과 포사이드 앞쪽을 왕복하면서 하이 백핸드 크로스 커트를 한다. 긴 거리를 움직여 받아치기 어려운 상황에서도 셔틀콕을 확실히 넘긴다. 상대는 로브와 헤어핀을 정확히 컨트롤하는 연습을 한다.

1. 하이 백핸드 크로스 커트를 한다
2. 스트레이트 헤어핀을 한다
3. 스트레이트 헤어핀으로 받아친다
4. 크로스 로브를 한다

조언
하이 백핸드는 라켓 면이 대각선 방향을 향하므로 직선으로 치는 것보다 대각선으로 치는 것이 더 쉽다. 어렵다고만 생각하지 말고 도전해보자.

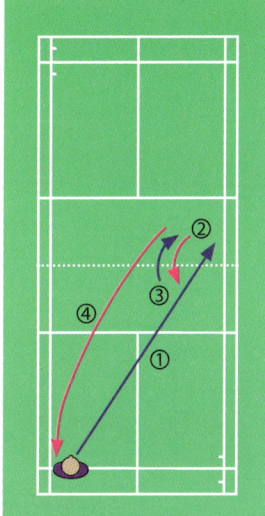

기술 포인트 — 하이 백핸드 준비 자세

☑ **CHECK!**
어려운 상황에서도 칠 수 있도록 일부러 늦게 이동해 연습한다.

기술 포인트 — 하이 백핸드 크로스 커트의 기본자세

☑ **CHECK!**
준비 자세는 스트레이트 커트와 같다. 등을 상대 코트 쪽으로 향하게 하고 오른발 뒤꿈치부터 착지한다.

☑ **CHECK!**
라켓 면을 대각선 방향으로 향하게 하고 셔틀콕을 친다.

☑ **CHECK!**
라켓을 대각선 방향으로 휘두른 뒤 바로 중앙으로 돌아와 준비 자세를 취한다.

하이 백핸드 스트레이트 클리어 후 직선으로 주고받기

단계 중급
횟수 10회
      3~5세트

하이 백핸드 스트레이트 클리어도 연습해야 하는 기술 중 하나다. 등을 상대 코트 쪽으로 향하게 한 뒤, 힘을 주어 라켓을 크게 휘두르지 말고 임팩트 순간에만 꽉 쥐어 셔틀콕을 튕겨서 날려 보내는 감각을 익히자.

1. 하이 백핸드 스트레이트 클리어를 한다
2. 스트레이트 커트를 한다
3. 스트레이트 헤어핀을 한다
4. 스트레이트 로브를 한다

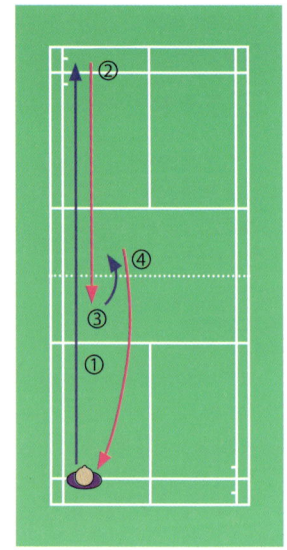

조언

백사이드 뒤쪽에서는 라운드 더 헤드 샷을 구사하는 것이 이상적이며, 하이 백핸드 스트로크는 궁지에 몰린 상황에서 급하게 사용하는 기술이다. 그립 잡는 방법이나 셔틀콕 치는 방법은 사람마다 다르므로 자신에게 맞는 타구법을 찾도록 한다.

★ **기술 포인트** — 하이 백핸드 스트레이트 클리어의 기본자세

☑ **CHECK!**
셔틀콕이 날아오는 방향으로 라켓을 갖다 대고 임팩트 순간에 꽉 쥔다.

☑ **CHECK!**
셔틀콕을 튕기듯이 치고 라켓을 멈춘다.

☑ **CHECK!**
멈춘 라켓을 약간 되돌리면 튕기는 힘이 커진다.

MENU 122 하이 백핸드 스트레이트 스매시 후 직선으로 주고받기

기술해설 (1대1)

단계 상급
횟수 10회
3~5세트

10 단식 강화 메뉴

목표 하이 백핸드 스트레이트 스매시는 결정타가 아니라 랠리를 목적으로 구사한다. 이처럼 다양한 플레이를 시도하며 셔틀콕을 강하게 치는 연습을 하면 하이 백핸드 커트나 클리어 또한 안정적으로 구사할 수 있게 된다.

1. 하이 백핸드 스트레이트 스매시를 한다
2. 스트레이트 쇼트 리시브를 한다
3. 스트레이트 헤어핀을 한다
4. 스트레이트 로브를 한다

조언
하이 백핸드 스트레이트 스매시는 랠리를 이어갈 목적으로 구사한다. 리턴이 빠르게 올 것을 예측하고 바로 다음 동작을 준비하자.

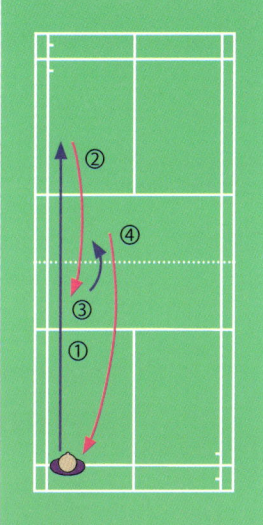

★ 기술 포인트
하이 백핸드 스트레이트 스매시를 한 뒤 바로 앞을 본다

☑ **CHECK!**
코트 뒤쪽으로 몰린 상황이므로 셔틀콕을 친 뒤에는 바로 앞을 보며 다음 동작을 준비한다.

★ 기술 포인트 — 하이 백핸드 스트레이트 스매시의 기본자세

☑ **CHECK!**
라켓을 높이 들고 셔틀콕을 맞추는 임팩트 순간에 꽉 쥔다.

☑ **CHECK!**
각도를 조절하면서 셔틀콕을 팅기듯이 치고 라켓을 멈춘다.

되돌린다

☑ **CHECK!**
멈춘 라켓을 약간 되돌리면 팅기는 힘이 커진다.

COLUMN

긴장감을 이겨내고 '강한 선수'가 되기 위해서는
— 사이타마사카에 고등학교 남자 배드민턴부 코치 도시타 도모히로 —

시합을 하면 너무 긴장해서 연습 때의 실력이 나오지 않는다고 고민하는 선수가 많다. 하지만 시합에서 긴장하는 것은 당연한 일이다. 그만큼 이기고 싶다는 뜻이므로 나쁜 현상이라고 볼 수 없고, 상대 또한 긴장한다.

단체전과 개인전 모두 우승을 목표로 하는 사이타마사카에 고등학교 선수들도 시합을 앞두면 잔뜩 긴장한다. 긴장감을 이겨내는 방법은 사람마다 다르다. 평소에는 얌전한데 에이스 이후 크게 포효하는 선수가 있는가 하면 점수를 내거나 실수를 해도 표정 변화 없이 담담하게 플레이하는 선수도 있다. '너무 긴장해서 시합을 망쳤어'라고 낙담하지 말고 긴장감을 이겨내는 방법을 찾자.

나는 '시합을 즐기자'라는 말을 하지 않는다. 절대로 져서는 안 되는 시합을 앞두고 그렇게 생각할 수 없는 것이 현실이기 때문이다. 다만 코트에 들어가는 선수들에게 '지금까지 해온 걸 전부 쏟아붓자'라는 말을 해준다.

선수들에게 가장 큰 힘이 되는 것은 그동안 최고의 연습을 해왔다는 자신감이다. 힘든 연습을 버텨왔기에 어려운 시합도 이길 수 있다고 여기는 것이다. 그 점을 상기시키면 더 이상 안 될 것 같다고 포기하는 대신 셔틀콕을 상대 코트로 넘기는 힘이 생긴다. 어려운 상황을 극복하고 이겨주길 바라는 팀원들의 마음에 응답하는 선수가 '강한 선수'라고 생각한다.

경기가 끝나면 이기든 지든 결과는 이미 과거의 일이다. 과거를 바꿀 수는 없으므로 승패에 연연하지 말고 바로 다음 시합을 준비하자. 고등학교 대회는 단체전을 한 뒤 개인전을 치르기에 이기든 지든 평정심 유지가 중요하다. 시합에서 이기면 기분은 좋겠지만, 개선할 부분도 분명 있을 것이다. 반대로 시합에서 지면 모든 게 엉망이었다고 실망하기 쉽지만 분명 잘한 부분도 있다. 배울 점이 없는 시합은 없으므로 경기가 끝난 뒤에는 승패의 원인을 분석하고 개선하자.

제 **11** 장

복식 강화 메뉴

복식은 개인의 역량뿐만 아니라 파트너와의 팀워크도 중요하다. 빠른 랠리에 대응하는 연습을 하며 실제 경기에서 호흡을 맞출 수 있는 파트너를 찾자.

MENU 123 ｜ 1대 1 연습
스매시 후 패턴 연습하기

단계 중급
시간 좌우 코트 5분씩

목표 스매시를 드라이브로 리턴하며 수비에서 공격으로 전환하는 패턴은 복식에서 자주 사용된다. 공수 교대는 하되 두 명 모두 공격한다는 생각으로 연습한다.

★ 기술 포인트

연속 드라이브의 스윙 자세

임팩트

간결하게 스윙한다

라켓을 든다

① 스트레이트 스매시를 한다
② 드라이브로 리시브한다
③ 몇 차례 드라이브를 주고받는다
④ 수비 측이 쇼트 리시브를 한다
⑤ 공격 측이 로브를 한다 (공수 교대)

▶ 좌우 코트를 바꿔서도 연습한다.

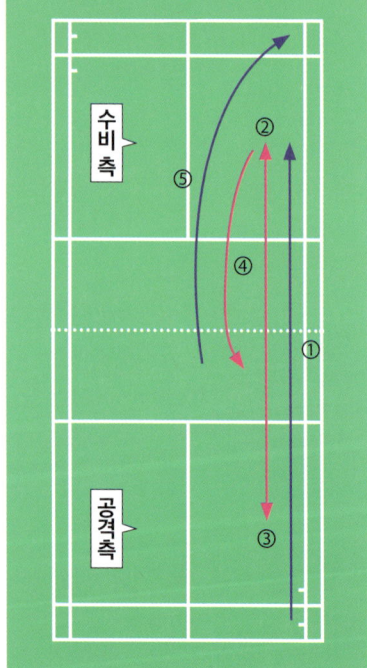

조언 짧게 스텝을 밟으며 이동해 스윙하기 좋은 자세를 만든다. 서로 공격한다는 생각으로 상대 몸쪽을 노려 승부를 결정지어도 좋다.

☑ **CHECK!** 드라이브를 주고받을 때는 셔틀콕을 친 뒤에 바로 라켓을 들고 준비 자세를 취한다.

MENU 124

[1 대 1 연습]

복식 서비스 코트에서 자유롭게 주고받기

단계 상급
시간 좌우 코트 5분씩

복식 강화 메뉴

목표 복식 서비스 코트 안에서만 움직인다. 낮고 빠른 플레이를 익히기 위해 로브는 하지 않는다. 복식 서비스 코트에서 1 대 1로 연습하며 상대를 압박하는 방법과 라켓 다루는 기술을 익힌다.

1 복식 서비스 코트에서 1 대 1로 자유롭게 주고받는다. 좌우 코트를 바꿔서도 연습한다

오른쪽 사이드   왼쪽 사이드

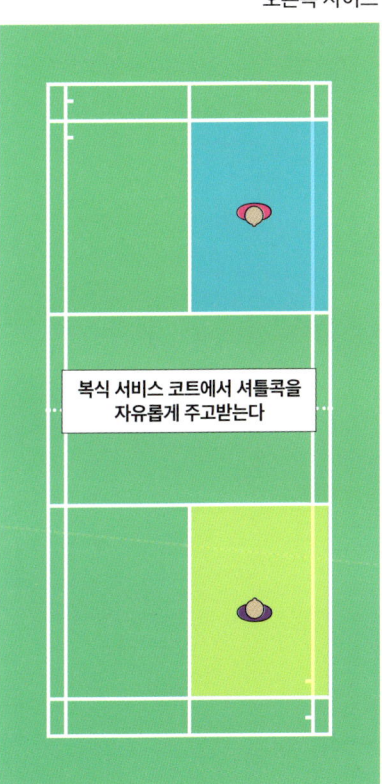
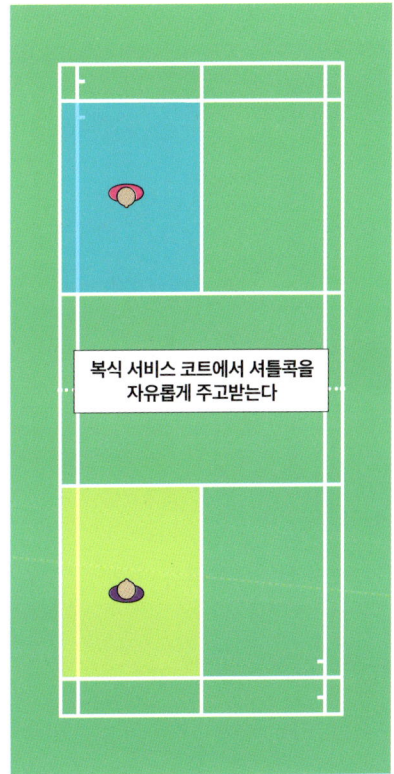

복식 서비스 코트에서 셔틀콕을 자유롭게 주고받는다

조언

복식 서비스 코트 안에서만 움직이며 셔틀콕을 낮고 빠르게 주고받는다. 게임의 승부는 셔틀콕을 처리하는 속도와 라켓을 다루는 기술이 결정짓는다. 상대를 네트 쪽으로 못 나오게 하는 것이 기본이지만 일부러 앞으로 나오도록 유도한 다음 셔틀콕을 뒤쪽으로 보내거나 낮은 위치에서 올려 치게 만들어 역공을 하는 등의 전술도 연습해보자. 점수를 매기며 해도 좋다.

(2 대 1 연습)

코트 뒤쪽에서 공격하기

단계 중급
횟수 한 명이 20회 3~5
세트(또는 5분)

한 명은 코트 뒤쪽에서 좌우로 움직이며 공격한다. 연습을 통해 후위 선수가 갖추어야 할 공격력과 커버력을 기른다. 반대편 두 명은 롱 리턴과 드라이브를 하며 리시브로 상대를 압박하는 방법을 익힌다.

★ 기술 포인트

수비 위치 선정

상대가 왼쪽에서 공격할 때

센터 라인

☑ CHECK! 직선 방향에 있는 선수는 스트레이트 스매시를 경계한다. 파트너는 센터 라인을 살짝 넘는 위치까지 이동한다.

상대가 오른쪽에서 공격할 때

센터 라인

☑ CHECK! 두 명 사이로 오는 셔틀콕은 대각선 방향에 있는 선수가 받아친다.

① 두 명은 리시브를 하고 한 명은 코트 뒤쪽에서 공격한다

수비하는 두 명은 셔틀콕을 어디로 보내든 상관없지만 쇼트 리시브는 하면 안 된다.

수비만 한다(셔틀콕을 노란 박스 안으로 보낸다)

공격만 한다(셔틀콕을 어디로 보내든 상관없다)

조언

공격 측은 한 방에 결정지으려 하지 말고 계속 공격 기회를 만든다. 리시브 측은 위치 선정 능력이 중요하다. 센터 라인 쪽으로 오는 셔틀콕은 대각선 방향에 있는 선수가 받아치자.

MENU 126 · 2대1 연습
전면 공격 & 한쪽 면 리시브

단계 중급
시간 좌우 코트 5분씩

목표 코트 전면을 사용하는 두 명은 셔틀콕을 파란 박스 안으로만 보낸다. 복식 경기를 하듯 로테이션을 하면서 위치 선정 능력과 플레이를 이어가는 능력을 기른다. 반대편 한 명은 리시브 능력을 기르면서 상대의 약점을 찾아 공략한다.

★ 기술 포인트

후위에서 전위로 이동하는 로테이션

앞으로 나온다

푸시를 한다

✅ **CHECK!** 후위에 있던 선수는 적극적으로 전위로 나오며 공격을 이어간다.

1 두 명은 코트 전면에서 공격하고 한 명은 코트 한쪽 면에서 수비한다

공격하는 두 명은 클리어를 구사하지 않는다. 좌우 코트를 바꿔서도 연습한다.

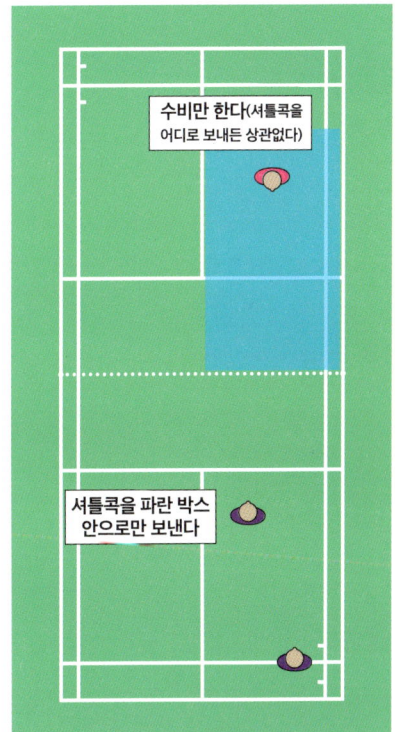

수비만 한다 (셔틀콕을 어디로 보내든 상관없다)

셔틀콕을 파란 박스 안으로만 보낸다

조언

공격 측은 스매시와 푸시를 주로 구사한다. 커트와 헤어핀은 두 기술(스매시와 푸시)을 쓰기 힘들 때만 사용한다. 공격을 이어가면서 로테이션에 구멍이 생기지 않도록 주의하자.

MENU 127 (2대1 연습)

랠리를 이어가기 위한 쇼트

단계 중급
시간 5분(또는 30회)

목표 한 명은 코트 전면에서 움직이며 후위 선수가 갖추어야 할 체력과 커버력, 셔틀콕 컨트롤 능력을 키운다. 반대편 두 명도 빠르게 움직이면서 셔틀콕을 정확하게 컨트롤해 한 명을 압박한다.

★ 기술 포인트

코트 중간에서의 랠리—높은 위치에서 칠 때

☑ **CHECK!** 랠리가 목적인 쇼트는 다음 공격을 위해 셔틀콕을 상대 네트 앞에 짧게 떨어뜨린다.

코트 중간에서의 랠리—낮은 위치에서 칠 때

☑ **CHECK!** 타점이 낮더라도 셔틀콕이 네트 위로 뜨지 않게 넘긴다.

① 한 명은 코트 전면에서 움직이며 모든 셔틀콕을 상대 네트 앞에 떨어뜨린다

두 명은 드라이브, 하프 코트 샷, 낮은 타점의 로브 등을 구사하며 반대편 한 명을 압박한다.

조언 한 명은 짧게 스텝을 밟으며 되도록 높은 위치에서 셔틀콕을 쳐야 한다. 상대가 셔틀콕을 올려 치도록 네트 앞에 떨어뜨리자. 낮은 위치에서 치더라도 셔틀콕이 네트 위로 뜨지 않게 주의한다.

MENU 128 〔2 대 1 연습〕

스트레이트 리시브 & 푸시

단계 중급
시간 5분

목표 두 명은 리시브를 하고 반대편 한 명은 푸시를 한다. 셔틀콕을 직선 방향으로 정확하게 주고받는다. 한 명이 크로스 푸시를 구사하며 옆으로 이동하면 반대편 두 명은 크로스 푸시에 빠르게 반응한다.

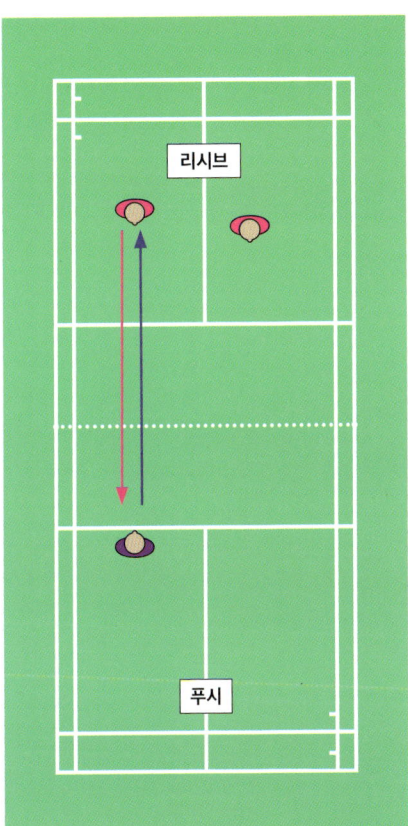

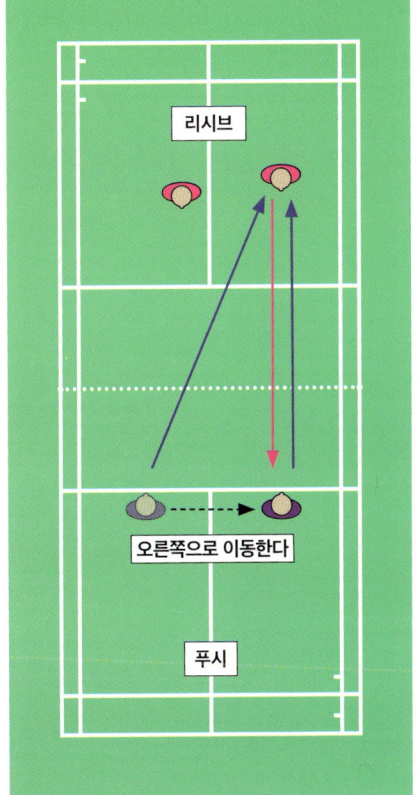

① 두 명은 리시브를 하고 한 명은 푸시를 한다. 셔틀콕은 직선 방향으로 보낸다

② 한 명이 크로스 푸시를 하고 오른쪽으로 이동한다. 좌우 코트를 바꿔서도 연습한다

☑ **CHECK!**

푸시를 하는 한 명은 전위 플레이를 한다고 생각한다. 짧게 스텝을 밟고 간결하게 스윙해 셔틀콕을 직선 방향으로 보낸다. 랠리를 하다가 적당한 타이밍에 크로스 푸시를 하고 오른쪽으로 이동한다.

☑ **CHECK!**

리시브를 하는 쪽은 각자의 위치에 맞게 크로스 푸시에 반응한다. 많이 움직일 필요는 없지만, 짧게 스텝을 밟으며 이동하고 다리를 움직여야 한다는 점을 의식한다.

MENU 129 (2 대 1 연습)

전면 푸시 & 코트 한쪽 면 리시브

단계 중급
시간 좌우 코트 5분씩

목표 한 명은 상대의 공격을 막는다고 생각하며 리시브한다. 코트 한쪽 면에서 직선 방향으로 셔틀콕을 치면서 대각선 방향으로 보낼 타이밍을 노린다. 반대편 두 명은 셔틀콕을 정확하게 컨트롤하며 푸시를 한다.

★ 기술 포인트

푸시 준비 자세

라켓을 들고 짧게 스텝을 밟는다

☑ **CHECK!** 푸시를 하는 쪽은 늘 라켓을 들고 짧게 스텝을 밟으며 준비 자세를 취한다.

리시브 준비 자세

무게 중심을 낮추고 셔틀콕을 몸 앞에 둔 뒤 친다

☑ **CHECK!** 리시브하는 쪽은 몸을 낮추어 준비 자세를 취한다. 간결하게 스윙하며, 셔틀콕을 직선과 대각선 방향으로 친다.

① 두 명은 네트 부근에 나란히 서서 푸시를 한다
② 한 명은 코트 한쪽 면에서 리시브를 하되 셔틀콕을 어디로 보내든 상관없다

▶ 좌우 코트를 바꿔서도 연습한다.

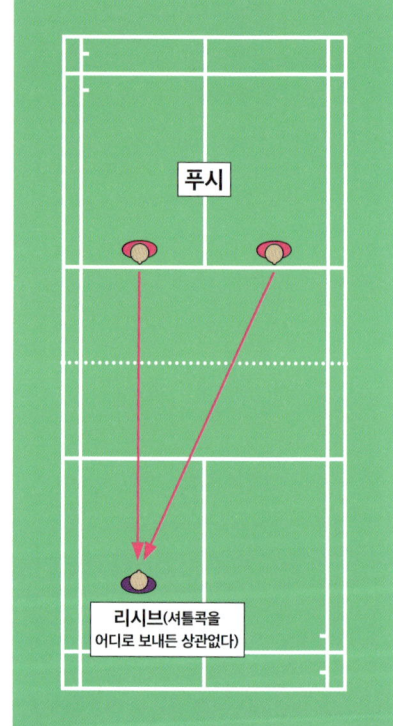

푸시

리시브(셔틀콕을 어디로 보내든 상관없다)

조언 세 명 모두 셔틀콕을 몸 앞에 두고 친다. 특히 크로스 리시브는 타점을 몸 앞에 두지 않으면 제대로 구사할 수 없다. 리시버는 셔틀콕을 받아치며 크로스로 칠 타이밍을 노린다.

MENU 130 (2 대 2 연습)

푸시 대 푸시 리시브

단계 중급
시간 4곳 각 5분씩

목표 올코트에서 2 대 2로 실전처럼 연습한다. 푸시를 하는 쪽은 전위 플레이를 연습하고 리시브를 하는 쪽은 계속되는 공격을 버티는 연습을 한다. 셔틀콕을 주고받으며 실전 감각을 익힌다.

★ 기술 포인트

푸시하는 쪽의 위치 선정

☑ **CHECK!** 센터 라인을 기준으로 코트 좌우에 서서 자신의 영역만 방어하지 말고, 두 명 모두 셔틀콕이 스트레이트 방향으로 올 것에 대비해 모인다. 푸시를 한 뒤에는 다음 전개를 예측하며 위치를 잡는다.

리시브하는 쪽의 위치 선정

셔틀콕 치는 사람 쪽으로 몸을 돌린다

☑ **CHECK!** 리시브하는 쪽도 셔틀콕이 스트레이트로 올 것에 대비한다. 대각선 방향에 있는 선수는 셔틀콕이 날아오는 방향으로 몸을 돌린다. 셔틀콕을 몸 앞에 두고 치는 자세를 익히자.

1 올코트에서 푸시 및 리시브를 한다

푸시(셔틀콕을 어디로 보내든 상관없다)

리시브(셔틀콕을 어디로 보내든 상관없다)

조언
전위에 두 명이 있어 시합 때보다 속도감 있게 전개된다. 서로 빠르게 스트레이트로 주고받으면서 크로스에도 대응하려면 위치 선정이 중요하다. 셔틀콕을 몸 앞에 두고 강하게 치자.

MENU 131

(2 대 2 연습)

톱 앤드 백 대 사이드 바이 사이드 드라이브

단계 중~상급
시간 각 5분

목표 두 명은 앞뒤로 서서 계속 공격한다. 다른 두 명은 옆으로 나란히 서서 수비에서 공격으로 전환할 기회를 노리며 드라이브를 주고받는다. 네 명 모두 빠르게 대응할 준비를 하여 상대를 압박하거나 득점을 노린다.

1 톱 앤드 백과 사이드 바이 사이드 포메이션으로 서서 드라이브를 주고받는다

셔틀콕을 어디로 보내든 상관없다. 톱 앤드 백 측은 로테이션을 한다.

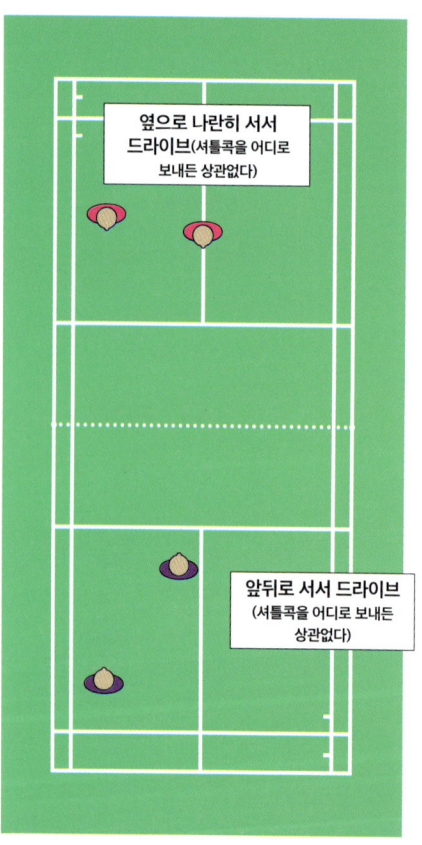

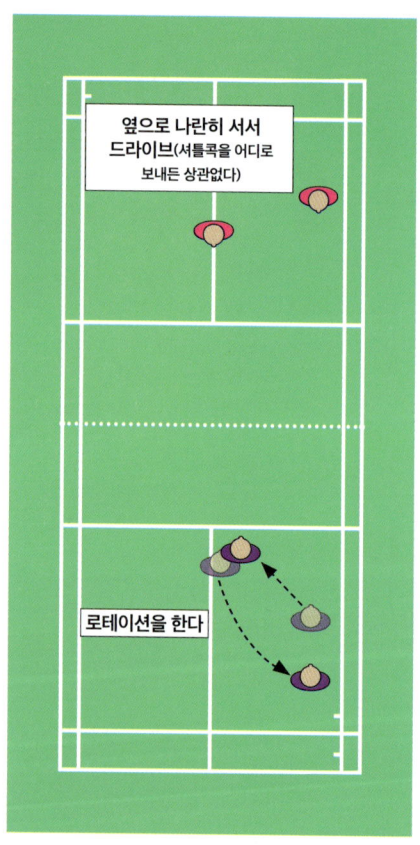

☑ **CHECK!**

옆으로 나란히 선 두 명은 코트 뒤쪽에서 수비만 하지 말고 네트 쪽으로 이동해 높은 타점에서 드라이브를 하며 공격으로 전환한다. 상대 팀 전위 선수의 몸쪽을 노려 대응하기 어렵게 만들자.

☑ **CHECK!**

앞뒤로 선 두 명은 발을 사용해 로테이션을 하고 전위에 있는 선수는 계속 공격한다. 전위 선수는 빠르게 셔틀콕을 주고받으면서 자신이 처리할 수 있는 공인지를 판단한다.

MENU 132　[2 대 2 연습]　올코트에서 자유롭게 드라이브 주고받기

단계 중~상급
시간 10분

목표　드라이브만을 사용해 상대의 약점이나 받아치기 어려운 곳을 파악하고 공략한다. 시합을 한다고 생각하며 네트 앞으로 나가고, 파트너가 대응하지 못할 때는 확실히 커버해 랠리를 이어간다.

★ 기술 포인트　[라운드 드라이브 하는 방법]

무릎을 부드럽게 사용한다

셔틀콕을 몸 앞에 두고 친다

간결하게 스윙한다

✓ CHECK! 백사이드 뒤쪽으로 높이 날아오는 셔틀콕을 포핸드로 칠 수 있도록 한다. 팔꿈치를 들고 셔틀콕을 몸 앞에 두고 치자. 스윙은 간결해야 한다.

① 올코트에서 2 대 2로 드라이브를 주고받는다

셔틀콕을 어디로 보내든 상관없지만 로테이션을 빼먹으면 안 된다.

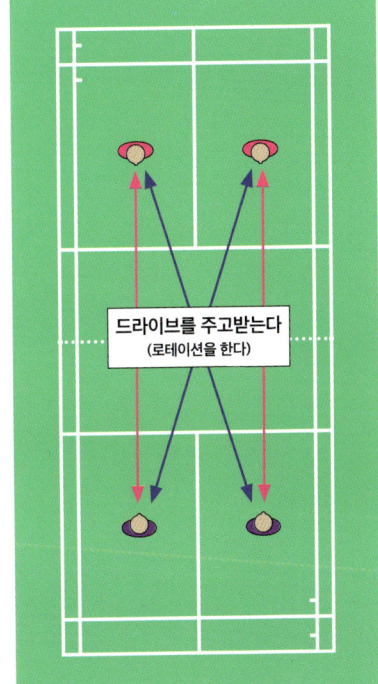
드라이브를 주고받는다
(로테이션을 한다)

조언　서로 드라이브만 구사한다. 로테이션을 하면서 네트 쪽으로 전진해 공격적으로 플레이하자. 상대 코트의 빈 곳이나 로테이션의 빈틈 등 허점을 찾아 공략해야 한다. 셔틀콕을 칠 때는 파트너의 위치도 고려해야 역공을 당하지 않는다는 점을 유의한다.

MENU	2 대 2 연습	단계 중~상급
133	**톱 앤드 백 대 사이드 바이 사이드**	시간 공수 10분씩

목표 톱 앤드 백 측은 공격력을 향상시키고 어려운 상황에서도 랠리를 이어가는 방법을 익힌다. 사이드 바이 사이드 측은 수비력을 향상시키고 리시브로 상대를 압박하는 방법을 익힌다. 실전 연습을 통해 판단력도 기른다.

1 톱 앤드 백과 사이드 바이 사이드 포메이션으로 서서 공격과 수비를 한다

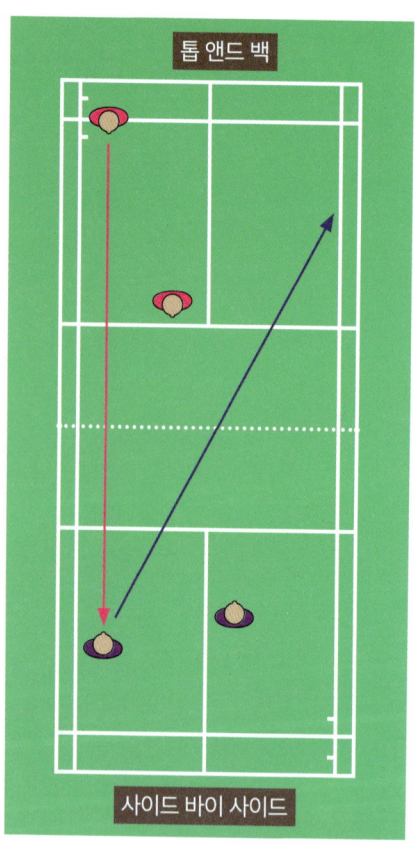

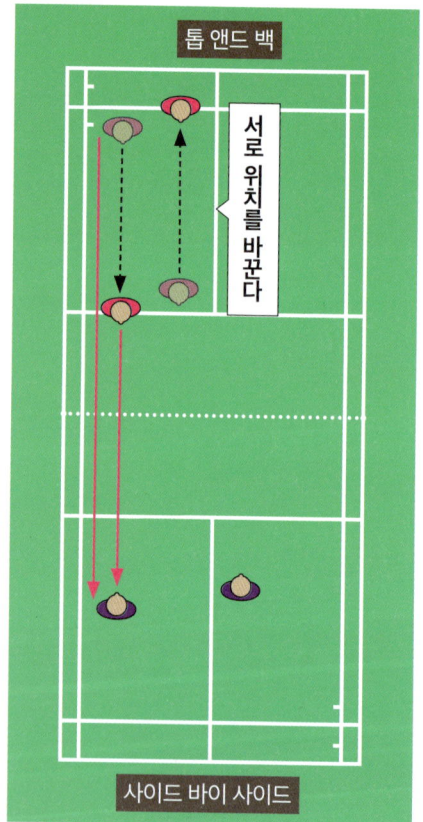

☑ **CHECK!**

사이드 바이 사이드 측은 랠리를 이어가면서 수비에서 공격으로 전환할 기회를 노린다. 상대 코트의 빈틈인 대각선 방향으로 셔틀콕을 보내면 수비를 무너뜨릴 수 있다.

☑ **CHECK!**

서로의 위치를 바꾸며 공격하는 두 명은 클리어를 구사하지 않는다. 체력이 떨어지더라도 최선을 다해 셔틀콕을 친다. 모든 샷을 전력으로 치기보다는 랠리를 이어가기 위한 샷도 구사한다.

MENU 134 · 로브를 하지 않고 자유롭게 주고받기

2 대 2 연습

단계 상급
시간 10분

목표

코트 중간보다 앞에서 네트 쪽으로 나가며 상대의 공격 타이밍을 빼앗아 반격 기회를 만든다. 네 명 모두 짧게 스텝을 밟으며 빠르게 셔틀콕을 친다. 셔틀콕을 주고받으며 로테이션하는 방법도 익히자.

★ 기술 포인트

높은 타점에서 친다

☑ **CHECK!** 상대가 공격을 못 하도록 높은 타점에서 빠르게 셔틀콕을 친다.

낮은 타점에서 친다

☑ **CHECK!** 낮은 타점에서 치더라도 셔틀콕이 네트 위로 뜨지 않도록 주의한다. 상대가 공격하기 어려운 곳으로 셔틀콕을 보내자.

① 2 대 2로 로브를 하지 않고 자유롭게 셔틀콕을 주고받는다

코트 앞쪽에서 로테이션을 한다 (로브는 하지 않는다)

📢 조언
선제적으로 공격을 시도한다. 상대가 코트 뒤쪽에 있다면 셔틀콕을 네트 앞에 떨어뜨린다. 셔틀콕을 치지 않는 선수의 위치와 자세도 중요하다. 셔틀콕의 이동 방향을 예측하며 콤비 플레이를 펼치자.

MENU 135

2 대 2 연습

올코트에서 자유롭게 주고받기 (2 대 2)

단계 중~상급
시간 10분

목표 메뉴 135는 연습의 총결산이라고 할 수 있다. 연습의 성과를 시험하며 기술, 체력, 정신력을 단련해 시합에 대비하는 것이 목적이다.

1 2 대 2로 셔틀콕을 자유롭게 주고받는다

☑ **CHECK!** 그동안 익힌 기술을 활용해 실제 시합 같은 상황에서 진검승부를 펼친다.

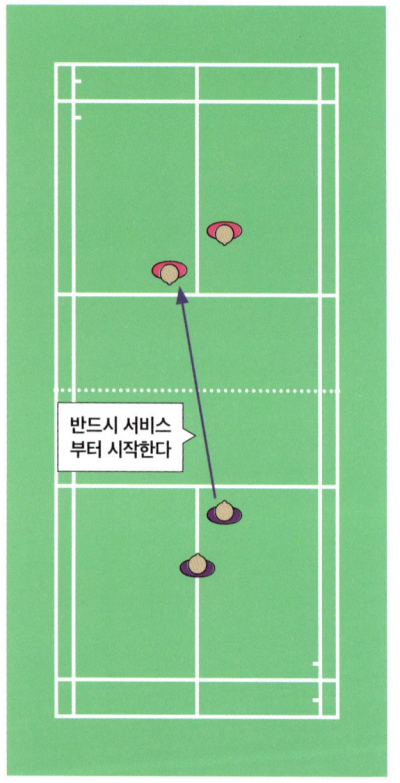

반드시 서비스부터 시작한다

지도자 MEMO

메뉴 135는 그동안 연습해온 것들의 집대성이라고 할 수 있다. 점수를 매기거나 시간을 짧게 나눠도 되며, 시합 때처럼 반드시 서비스부터 시작한다. 동료끼리 연습 게임을 하면서 승패가 갈리는 것을 싫어하는 선수도 있겠지만, 진검승부를 통해 얻는 것이 더 많다. 자신의 강점을 살리는 플레이를 하고 있는지, 약점은 잘 이겨내고 있는지 등 선수들 각자의 플레이를 잘 살펴보자. 연습을 통해 익힌 기술을 적극적으로 시도할 수 있도록 옆에서 응원의 말을 해준다.

☑ **CHECK!** 실제 시합처럼 서비스부터 시작한다. 첫 랠리부터 진검승부를 펼친다

MENU 136 [3 대 2 연습]

공격 & 리시브

단계 상급
시간 10분

복식 강화 메뉴

목표 세 명 중 두 명은 후위, 한 명은 전위에 선다. 반대편 두 명은 시합 때보다 어려운 상황에서 수비를 하며 리시브 능력을 강화한다. 공격으로 전환할 기회를 만들기 위해 높은 위치에서 셔틀콕을 치고, 코트 뒤쪽으로 물러서지 않는다. 세 명은 각자의 역할을 다해 공격한다.

1 세 명은 공격만 하고 두 명은 리시브를 한다

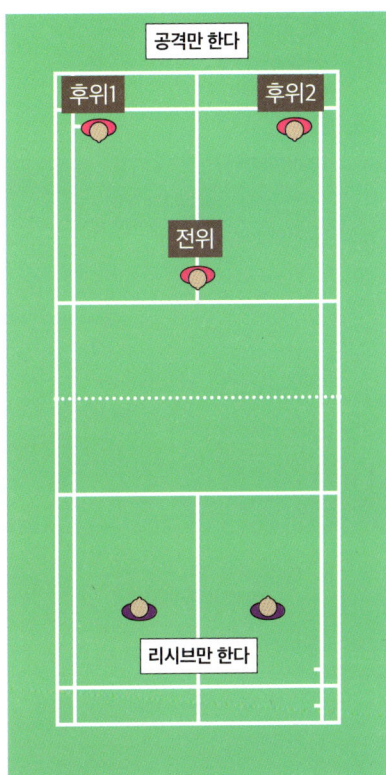

공격만 한다
후위1 후위2
전위
리시브만 한다

☑ **CHECK!** 공격하는 세 명 중 한 명은 전위, 두 명은 후위에 서고 로테이션은 하지 않는다. 리시브를 하는 두 명은 옆으로 나란히 선다.

지도자 MEMO

전위 선수는 네트 앞을 커버한다. 후위 선수들은 좌우로 로테이션 하지 않고 자리를 지킨다. 전위에 있는 선수는 우선 상대의 드라이브 리시브를 확실히 받아내자. 전위 선수가 커버하지 못하더라도 후위에 두 명이 있기 때문에 과감하게 한곳만 노리고 공격해도 된다. 후위에서 받아치기 쉬운 상황을 만들려면 전위에서 적극적으로 공격에 가담해 셔틀콕을 상대 네트 앞에 떨어뜨리거나 강하게 쳐야 한다. 셔틀콕을 넘겼다고 해서 안심하지 말고 다음 샷에 집중해 셔틀콕을 컨트롤하자. 전위에서 놓친 셔틀콕을 후위에서 받아칠 때는 아래에서 위로 올려치는 로브를 하면 안 된다. 코트 중간이나 뒤쪽에서 셔틀콕을 처리할 때는 드라이브로 공격을 이어간다.

조언

공격하는 세 명은 클리어와 로브를 구사하지 않는다. 로테이션은 하지 않지만 짧게 스텝을 밟으며 셔틀콕 낙하 지점으로 이동해 강하게 친다. 리시브를 하는 두 명은 코트 뒤쪽으로 물러서면 수비하기가 어려워진다. 상대 팀 전위 선수가 처리하지 못하도록 셔틀콕을 몸 앞에 두고 받아쳐 공격으로 전환할 기회를 만들자.

MENU 137

(3 대 2 연습)

올코트에서 자유롭게 주고받기(3 대 2)

단계 상급
시간 10분

목표 후위 두 명과 전위 한 명은 최선을 다해 상대와 랠리를 이어가며 호흡을 맞춘다. 서로 상대의 공격을 버텨내고, 빈틈이 없는 상황에서도 공격으로 전환해 득점을 노린다. 전술과 속도가 승패를 가른다.

★ 기술 포인트

공격할 때

☑ **CHECK!** 공격할 때는 라켓을 높이 들어 네트 앞에서 상대를 압박한다.

수비할 때

☑ **CHECK!** 수비할 때는 자세를 낮춰 셔틀콕에 맞지 않도록 주의한다.

1. 3 대 2로 셔틀콕을 자유롭게 주고받는다

세 명 중 한 명은 전위, 두 명은 후위에 선다. 반대편 두 명은 나란히 섰다가 앞뒤로 서면서 공격한다.

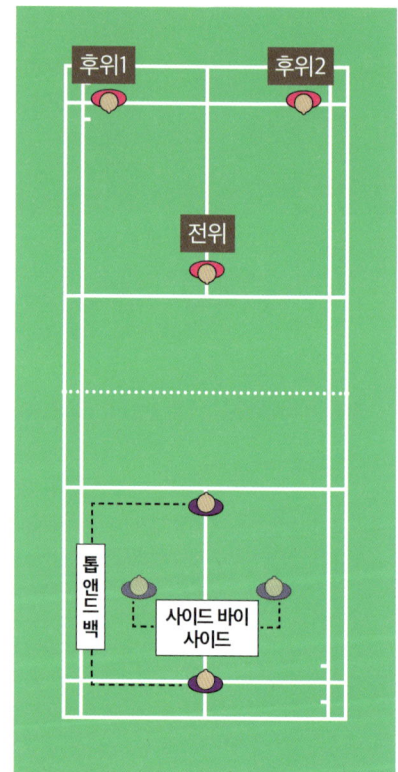

조언

두 명이 불리한 상황이지만 빠르게 움직여 상대의 빈틈을 노려 이기려고 노력하자. 점수를 매겨도 된다.

제 **12** 장

셔틀콕 쳐주기

노커는 시합 때보다 빠르게 셔틀콕을 쳐주기 때문에 선수의 강점이나 약점을 확실히 파악하는 데 도움이 된다. 실제 시합을 한다고 생각하며 연습하자.

MENU 138 — 셔틀콕 쳐주기: 포핸드 헤어핀→스매시→백핸드 푸시 패턴 연습하기

단계 중급
횟수 5회

목표
셔틀콕을 네트 앞에 떨어뜨려 상대가 로브를 하도록 유도한 뒤 스매시를 하는 공격 패턴은 단식에서 자주 사용된다. 헤어핀은 높은 타점에서 구사하고, 스매시를 한 뒤에는 네트 앞으로 나오며 푸시를 한다.

★ 기술 포인트 — 포핸드 헤어핀의 타점은 높게 잡는다

① 중앙에서 포사이드 앞쪽으로 나가며 포핸드 헤어핀을 한다
② 백사이드 뒤쪽으로 물러서며 포핸드 스매시를 한다
③ 백사이드 앞쪽으로 나가며 백핸드 푸시를 한다

☑ **CHECK!**
상대가 로브를 하도록 유도하려면 되도록 높은 위치에서 헤어핀을 해야 한다.

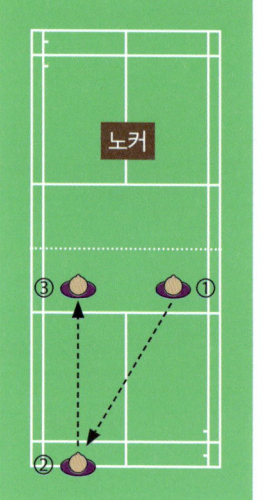

MENU 139 — 셔틀콕 쳐주기: 백핸드 헤어핀→포핸드 스매시→푸시 패턴 연습하기

단계 중급
횟수 5회

목표
메뉴 138의 반대 패턴이다. 현재 배드민턴의 주류인 포사이드 뒤쪽에서의 공격을 제대로 할 수 있도록 연습한다. 발을 움직여 셔틀콕 낙하 지점으로 빠르게 이동하자.

★ 기술 포인트 — 코트 뒤쪽으로 빠르게 이동한다

① 중앙에서 백사이드 앞쪽으로 나가며 백핸드 헤어핀을 한다
② 포사이드 뒤쪽으로 물러서며 스매시를 한다
③ 포사이드 앞쪽으로 나가며 푸시를 한다

☑ **CHECK!**
포핸드 스매시를 구사할 때 팔로만 치지 않도록 빠르게 낙하 지점으로 이동해야 한다.

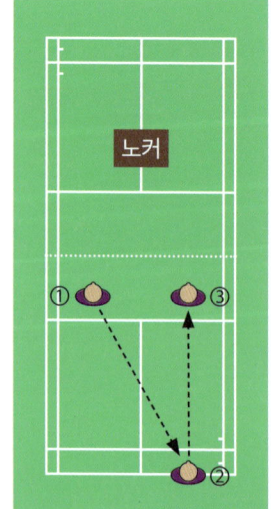

MENU 140 — 포핸드·백핸드 헤어핀→포핸드 스매시 패턴 연습하기

셔틀콕 처주기 | 단계 중급 | 횟수 5회

목표 헤어핀을 크로스 헤어핀으로 받아치는 패턴은 단식에서 자주 사용된다. 높은 위치에서 셔틀콕을 쳐 상대 네트 앞에 떨어뜨려 로브를 하도록 유도한 뒤 공격하는 패턴을 익힌다.

★ 기술 포인트 — 백사이드 뒤쪽에서 앞으로 나온다

앞으로

1. 중앙에서 포사이드 앞쪽으로 나가며 헤어핀을 한다
2. 백사이드 앞쪽으로 이동해 헤어핀을 한다
3. 백사이드 뒤쪽으로 물러서며 포핸드 스매시를 한다

☑ **CHECK!**
백사이드 뒤쪽에서 포핸드 스매시를 할 때는 공중에서 몸의 균형을 잘 잡고 착지해야 곧바로 앞으로 나올 수 있다.

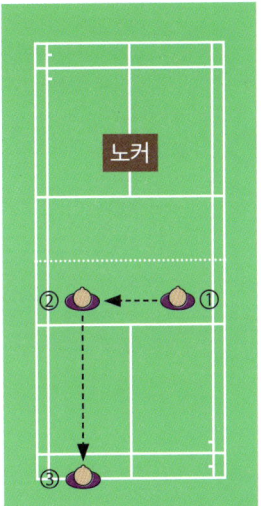
노커

MENU 141 — 백핸드·포핸드 헤어핀→포핸드 스매시 패턴 연습하기

셔틀콕 처주기 | 단계 중급 | 횟수 5회

목표 메뉴 140의 반대 패턴이다. 코트 좌우에서 헤어핀을 하고 포사이드 뒤쪽으로 물러서며 포핸드 스매시를 한다. 포사이드 뒤쪽에서 스트레이트 스매시를 구사하기는 의외로 어려우므로 제대로 할 수 있도록 연습한다.

1. 중앙에서 백사이드 앞쪽으로 나가며 헤어핀을 한다
2. 포사이드 앞쪽으로 이동해 헤어핀을 한다
3. 포사이드 뒤쪽으로 물러서며 스매시를 한다

조언
노커는 실제 경기 상황이라고 생각하며 셔틀콕을 쳐준다. 예를 들어 '상대가 네트 앞에서 셔틀콕을 올려 치도록 유도한 뒤 공격한다'고 설정하고 메뉴 138~141을 연습하면 선수는 실제 시합에서 비슷한 상황이 생겼을 때 노커와 함께 연습한 것을 떠올릴 수 있다. 노커는 선수가 기계적으로 움직이지 않도록 셔틀콕 처주는 타이밍을 조절하면서 실전과 유사하게 연습시킨다. 셔틀콕 처주는 속도는 선수의 실력과 목적에 맞게 조절한다.

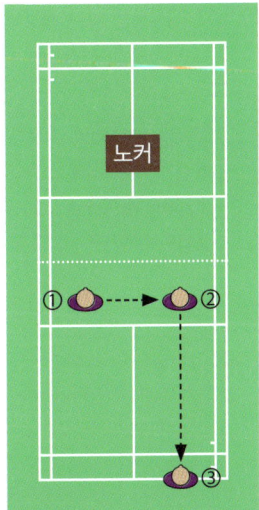
노커

MENU 142 〔셔틀콕 쳐주기〕

직선→대각선 순으로 움직이며 공격하기(단식)

단계 중급
횟수 5회

목표 코트 뒤에서 앞으로 나올 때는 직선 방향, 앞에서 뒤로 물러설 때는 대각선 방향으로 움직인다. 물러서면서 강한 스매시를 구사할 수 있도록 체력도 강화한다.

★ **기술 포인트**   높은 타점에서 백핸드 헤어핀을 한다

☑ **CHECK!**
상대의 짧은 로브를 유도하고자 높은 타점에서 백핸드 헤어핀을 한다.

1. 중앙에서 포사이드 뒤쪽으로 물러서며 스매시를 한다
2. 포사이드 앞쪽으로 나가며 헤어핀을 한다
3. 백사이드 뒤쪽으로 물러서며 포핸드 스매시를 한다
4. 백사이드 앞쪽으로 나가며 헤어핀을 한다

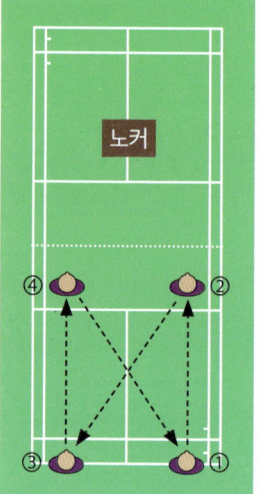

MENU 143 〔셔틀콕 쳐주기〕

대각선→직선 순으로 움직이며 공격하기(단식)

단계 중급
횟수 5회

목표 코트 뒤에서 앞으로 나올 때는 대각선 방향, 앞에서 뒤로 물러설 때는 직선 방향으로 움직인다. 긴 거리를 빠르게 이동한 뒤 정확하게 헤어핀을 구사해 다음 공격으로 이어가는 패턴을 익힌다.

1. 중앙에서 포사이드 뒤쪽으로 물러서며 스매시를 한다
2. 백사이드 앞쪽으로 나가며 헤어핀을 한다
3. 백사이드 뒤쪽으로 물러서며 포핸드 스매시를 한다
4. 포사이드 앞쪽으로 나가며 헤어핀을 한다

조언
메뉴 142와 143은 연속으로 20곳을 돌면서 실수 없이 셔틀콕 치는 것을 목표로 한다. 후반으로 갈수록 숨이 가빠지겠지만 마지막까지 발을 움직여 셔틀콕 낙하 지점으로 이동해야 한다. 어려운 상황에서도 확실히 셔틀콕을 넘길 수 있도록 연습하자. 노커는 선수가 원활하게 움직일 수 있도록 셔틀콕을 쳐주되 목적이나 실력에 맞게 속도나 타이밍을 조절한다.

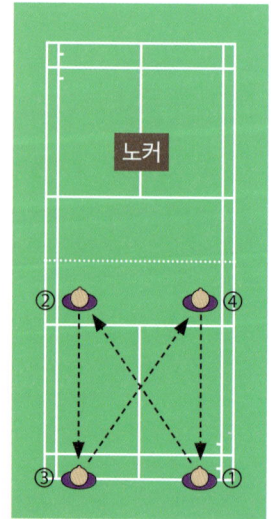

MENU 144 (셔틀콕 쳐주기)

코트 전면에서 자유롭게 받아치기 (단식)

단계 중~상급
횟수 20회
3~5세트

목표 노커가 쳐주는 셔틀콕을 받아쳐 네트 너머로 보낸다. 셔틀콕을 치면서 기회인지 위기인지를 빠르게 판단하고 그에 맞는 적절한 샷을 선택한다.

① 노커가 코트 전면으로 보내는 셔틀콕을 빠르게 이동하며 받아친다

지도자 MEMO

시합이라고 생각하며 셔틀콕을 코트 전면으로 보낸다. 1 대 1로 연습할 때보다 빠르고 받아치기 어렵게 셔틀콕을 보내 선수를 압박하거나 일부러 받아치기 쉽게 쳐서 결정타를 유도한다. 쉴 새 없이 움직일 때 어떤 샷을 구사할 수 있는지를 파악하는 것도 중요하다. 선수가 강점과 약점을 스스로 깨달아 실력을 향상시킬 수 있도록 돕는다.

모든 셔틀콕을 상대 코트로 보낸다

MENU 145 (셔틀콕 쳐주기)

연속으로 포핸드·백핸드 푸시하기

단계 중~상급
횟수 5회

목표 복식 경기에서 전위 플레이를 잘하기 위한 연습이다. 한 차례의 푸시로 끝내려 하지 말고 상대가 친 셔틀콕을 기다렸다가 다시 푸시로 마무리한다.

① 중앙에서 포사이드 앞쪽으로 나가며 포핸드 푸시를 한다
② 포사이드 앞쪽에서 포핸드 푸시를 한다
③ 백사이드 앞쪽으로 이동해 백핸드 푸시를 한다
④ 백사이드 앞쪽에서 포핸드 푸시를 한다

조언

1구 포핸드 푸시는 네트 앞으로 나오며 셔틀콕을 상대 코트에 내리꽂듯이 구사하고 리턴이 오면 2구 포핸드 푸시로 마무리한다. 3구 백핸드 푸시는 네트 앞에 살짝 떨어뜨려 받아치기 쉬운 리턴이 오도록 유도하고 4구 포핸드 푸시로 마무리한다. 3~4구는 복식에서 자주 사용하는 패턴이다. 라켓을 들고 간결하게 스윙하며 다음을 노리는 플레이를 익히자.

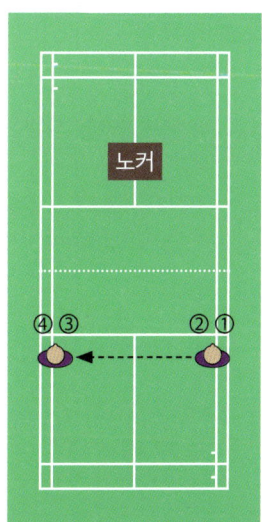

MENU 146 〔셔틀콕 쳐주기〕

직선→대각선 순으로 움직이며 공격하기(복식)

단계 중급
횟수 5회

목표 스매시를 하고 직선 방향으로 전진하며 드라이브를 하는 패턴은 복식 경기에서 공격할 때 사용된다. 높은 타점에서 간결한 스윙으로 드라이브를 하고 빠르게 다음 공격을 이어간다.

① 중앙에서 포사이드 뒤쪽으로 물러서며 스매시를 한다
② 포사이드 앞쪽으로 나가며 드라이브를 한다
③ 백사이드 뒤쪽으로 물러서며 포핸드 스매시를 한다
④ 백사이드 앞쪽으로 나가며 드라이브를 한다

조언

코트에 들어서면 복식에서 후위를 담당한다고 생각한다. 스매시를 하고 바로 앞으로 나와 전위에서 처리하지 못한 셔틀콕을 드라이브로 받아치는 연습이다. 상대가 대각선 방향으로 보낸 셔틀콕을 스매시로 받아치고 네트 앞으로 나오며 드라이브를 한다. 늘 네트 앞을 노리며 빠르게 공격을 이어가자. 노커는 셔틀콕 치는 타이밍이 늦지 않도록 주의하고 셔틀콕의 높이에 변화를 줘 선수가 쉽게 받아치지 못하게 한다.

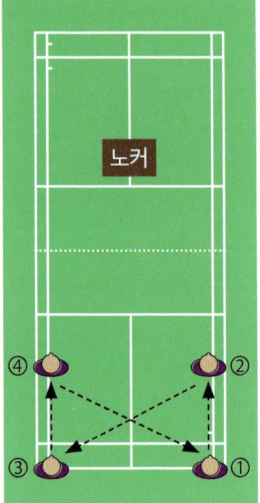

MENU 147 〔셔틀콕 쳐주기〕

대각선→직선 순으로 움직이며 공격하기(복식)

단계 중급
횟수 5회

목표 상대가 스매시를 크로스로 리턴하는 패턴은 복식에서 자주 등장한다. 대각선 방향으로 날아오는 셔틀콕을 빠르게 쫓아가 드라이브로 받아친다. 스텝을 밟으며 공격을 이어간다.

① 중앙에서 포사이드 뒤쪽으로 물러서며 스매시를 한다
② 백사이드 앞쪽으로 나가며 드라이브를 한다
③ 백사이드 뒤쪽으로 물러서며 포핸드 스매시를 한다
④ 포사이드 앞쪽으로 나가며 드라이브를 한다

조언

스매시를 한 뒤에 대각선 방향으로 움직여 드라이브를 구사하기는 쉽지 않다. 계속 공격을 이어가려면 셔틀콕을 높은 타점에서 쳐야 하지만 무리해서 강하게 치면 네트에 걸리기 쉬우므로 주의해야 한다. 실제 시합에서 랠리를 이어가려면 상황 판단력과 기술이 필요하다. 혼자서 연속으로 20회 이상 셔틀콕을 치며, 공격을 이어가는 방법과 무리해서 공격하지 않고 랠리를 이어가는 방법을 익히자.

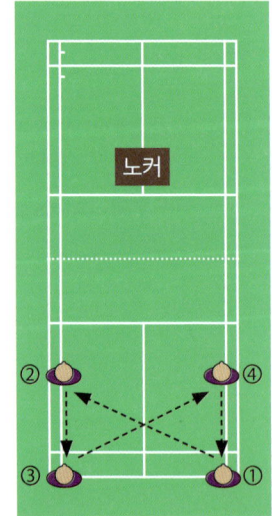

MENU 148 셔틀콕 처주기

직선→대각선 순으로 움직이며 드라이브와 푸시하기

단계 중급
횟수 5회

목표 드라이브를 하고 네트 앞으로 나오며 푸시를 한다. 드라이브를 한 뒤 자연스럽게 전위로 이동하는 복식 로테이션의 기본 동작을 익히자.

① 중앙에서 포사이드 뒤쪽으로 물러서며 드라이브를 한다
② 포사이드 앞쪽으로 나가며 포핸드 푸시를 한다
③ 백사이드 뒤쪽으로 물러서며 백핸드 드라이브를 한다
④ 백사이드 앞쪽으로 나가며 백핸드 푸시를 한다

조언
드라이브는 복식 경기에서 네트 플레이로 승부를 결정지을 때 빼놓을 수 없는 샷이다. 드라이브를 하고 네트 앞으로 나오며 푸시를 구사하려면 한 걸음이라도 빨리 전진하고 조금이라도 높은 타점에서 셔틀콕을 쳐야 한다. 그러면 상대가 압박감을 느끼므로 내가 득점하지 못하더라도 파트너가 기회를 잡을 수 있다. 몸에 힘을 빼고 간결하게 스윙하자.

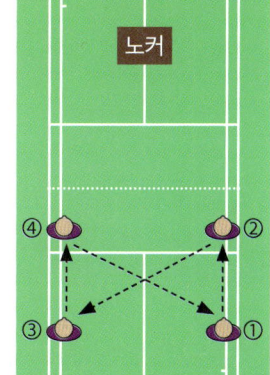

 MENU 149 셔틀콕 처주기

대각선→직선 순으로 움직이며 드라이브와 푸시하기

단계 중급
횟수 5회

목표 드라이브를 한 뒤 상대가 대각선 방향으로 보낸 셔틀콕을 네트 앞에서 백핸드 푸시로 받아치기 위해 전위로 이동한다. 메뉴 148에 비하면 변칙적이지만 실제 시합에서 자주 등장하는 패턴이므로 익혀두는 것이 좋다.

① 중앙에서 포사이드 뒤쪽으로 물러서며 드라이브를 한다
② 백사이드 앞쪽으로 나가며 백핸드 푸시를 한다
③ 백사이드 뒤쪽으로 물러서며 백핸드 드라이브를 한다
④ 포사이드 앞쪽으로 나가며 포핸드 푸시를 한다

조언
메뉴 148이 셔틀콕을 치고 직선 방향으로 움직였다면 메뉴 149는 대각선 앞쪽으로 움직인다. 드라이브를 한 뒤에는 중앙을 의식하다가 셔틀콕이 대각선 방향으로 날아오는 것을 확인하는 순간 빠르게 이동해 셔틀콕을 친다. 아무리 급하더라도 팔만 뻗지 말고 반드시 발을 움직여 셔틀콕 낙하 지점으로 이동해야 한다. 라켓을 크게 휘두르지 말고 빠르게 다음 동작을 준비하자. 노커는 선수가 정확한 타이밍에 칠 수 있도록 아주 잠깐의 시간 간격을 두고 셔틀콕을 네트 앞으로 보낸다.

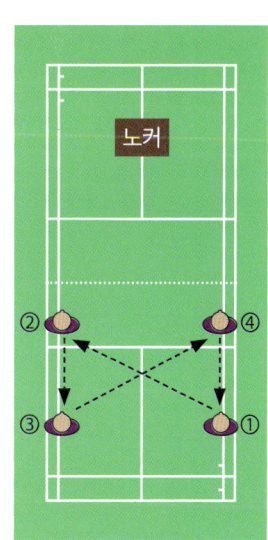

셔틀콕 쳐주기

6곳을 움직이며 연속으로 공격하기(복식)

단계 중급
횟수 3회

목표 후위에서 스매시를 한 뒤 전위로 이동하며 상대가 리턴한 셔틀콕을 받아친다. 파트너가 있다고 생각하며 후위에서 적극적으로 전위로 이동해 공격하는 패턴을 익히자.

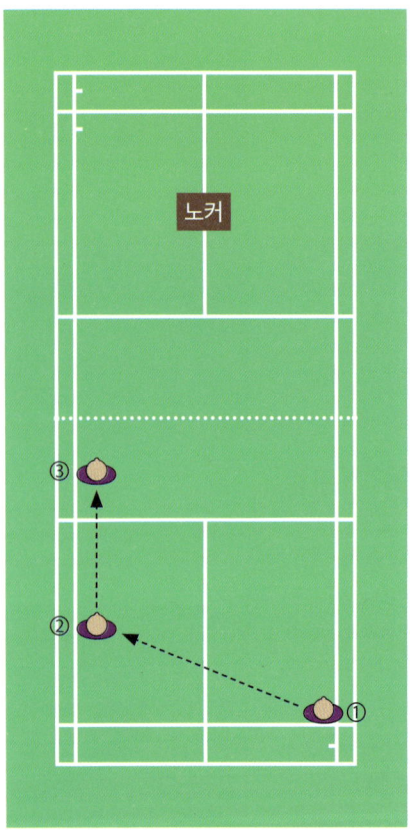

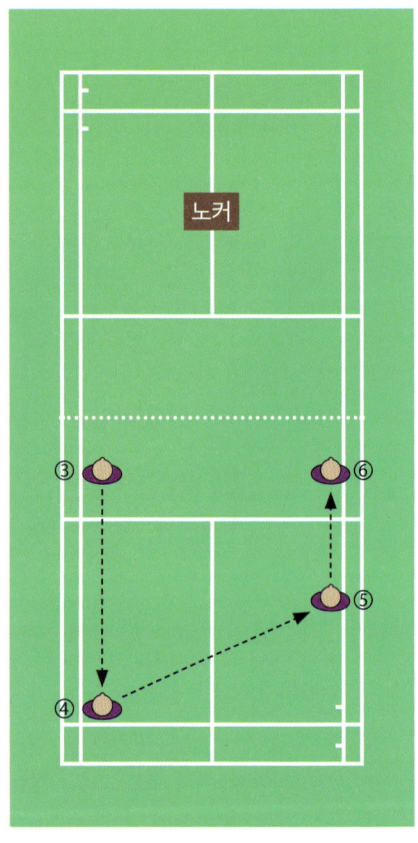

 ①포핸드 스매시를 한다 → ②백핸드 드라이브를 한다 → ③백핸드 푸시를 한다

 ④포핸드 스매시를 한다 → ⑤포핸드 드라이브를 한다 → ⑥포핸드 푸시를 한다

☑ **CHECK!**
포사이드 뒤쪽에서 구사한 스매시를 상대가 크로스로 받아쳤다고 가정하고 백핸드 드라이브로 대응한다. 그다음 네트 앞으로 나가며 백핸드 푸시를 하고 백사이드 뒤쪽으로 이동한다.

☑ **CHECK!**
백사이드 뒤쪽에서 구사한 포핸드 스매시를 상대가 크로스로 받아쳤다고 가정하고 포핸드 드라이브로 대응한다. 그다음 네트 앞으로 나가며 포핸드 푸시를 하고 포사이드 뒤쪽으로 이동해 ①의 위치로 돌아간다.

셔틀콕 쳐주기

4곳을 움직이며 자유롭게 공격하기(복식)

단계 중급
횟수 20회 3~5세트

목표 셔틀콕 쳐주기를 통해 후위 공격력을 향상시킨다. 코트 중간에서 뒤쪽으로 움직이며 모든 셔틀콕을 강하게 친다. 풋워크 실력과 체력뿐만 아니라 끈질기게 공격을 이어가는 강한 정신력도 기른다.

★ 기술 포인트

포핸드 드라이브

☑ **CHECK!** 포핸드 드라이브를 할 때는 높은 타점에서 셔틀콕을 칠 수 있도록 빠르게 움직인다.

백핸드 드라이브

☑ **CHECK!** 백핸드 드라이브를 할 때는 타점의 높이를 의식하며 셔틀콕을 몸 앞에 두고 친다.

1 코트 4곳(①포사이드 뒤쪽, ②백사이드 뒤쪽, ③오른쪽 사이드, ④왼쪽 사이드)으로 랜덤하게 날아오는 셔틀콕을 공격적으로 받아친다.

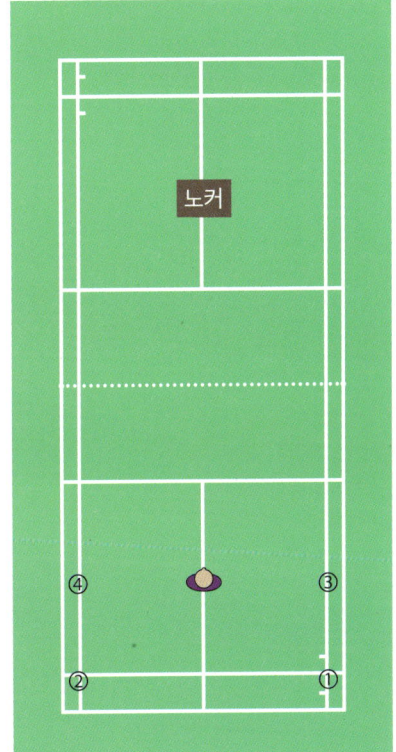

조언

노커는 후위에 있는 선수의 움직임을 살피며 셔틀콕 치는 속도를 조절한다. 때로는 선수가 받아치기 쉽게 보내 훈련의 강약을 조절한다.

서틀콕 쳐주기

4곳을 움직이며 연속으로 공격하기(복식)

단계 중급
횟수 1인 4구 5세트
(2인 10세트)

목표 두 명이 코트에 들어와 연습한다. 셔틀콕은 한 명씩 치지만 치지 않는 사람의 위치도 중요하다. 파트너가 어떤 샷을 구사하고 어떤 움직임을 보이는지 살피며 팀워크를 다진다.

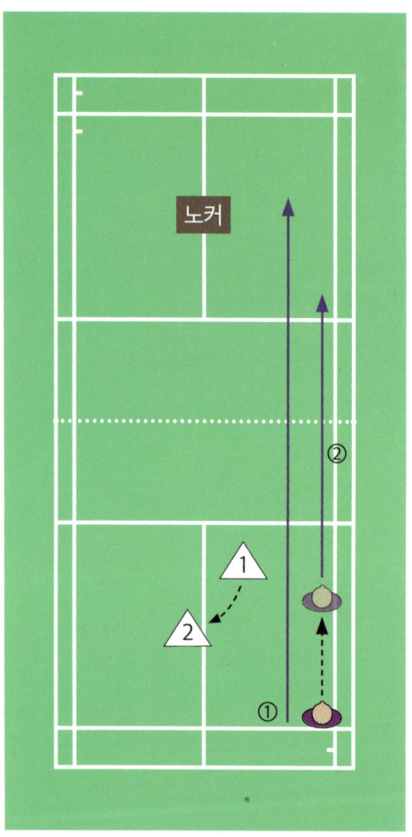

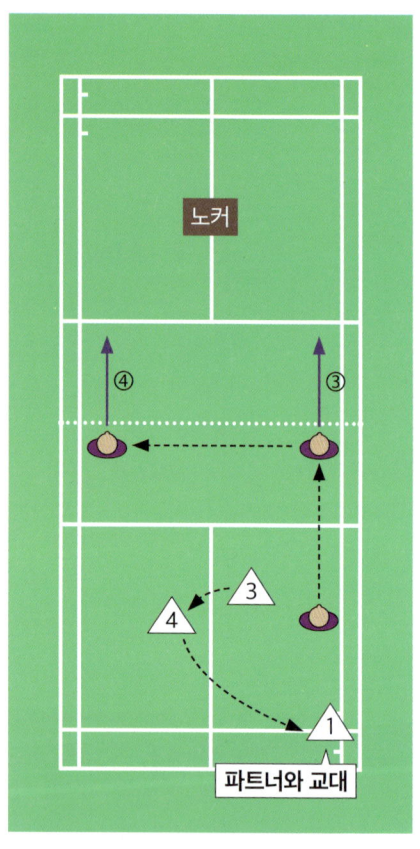

① 포핸드 스매시 → 포핸드 드라이브

☑ **CHECK!**

한 명이 포사이드 뒤쪽에서 스매시를 하고(①) 앞으로 나오며 포핸드 드라이브를 한다(②). 파트너(△)는 시합을 할 때처럼 상황에 따라 위치를 바꾼다.

② 포핸드 푸시 → 백핸드 푸시

☑ **CHECK!**

포사이드에서 네트 앞으로 나오며 푸시를 하고(③) 상대가 크로스로 받아친 셔틀콕을 백핸드 푸시로 마무리한 뒤(④) 파트너와 교대한다. 두 명이 같이 연습하면서 팀워크를 다진다.

MENU 153 셔틀콕 쳐주기

자유롭게 셔틀콕 치기(복식)

단계 중~상급
횟수 30회

목표 실제 랠리보다 빠르게 전개되지만 톱 앤드 백이 유지되도록 신경 쓰며 로테이션을 한다. 두 명이 계속 공격을 이어가고, 마지막 1구까지 집중력을 유지해 득점하는 패턴을 익히자.

★ 기술 포인트

코트 중간에서 하는 로테이션

앞으로

네트 앞으로

앞뒤 선수가 바뀜

☑ **CHECK!** 공격을 이어가며 적극적으로 네트 앞으로 나와 로테이션을 한다.

① 노커가 코트 전면으로 보내는 셔틀콕을 공격적으로 받아친다

톱 앤드 백이 유지되도록 로테이션을 하며 공격을 이어간다.

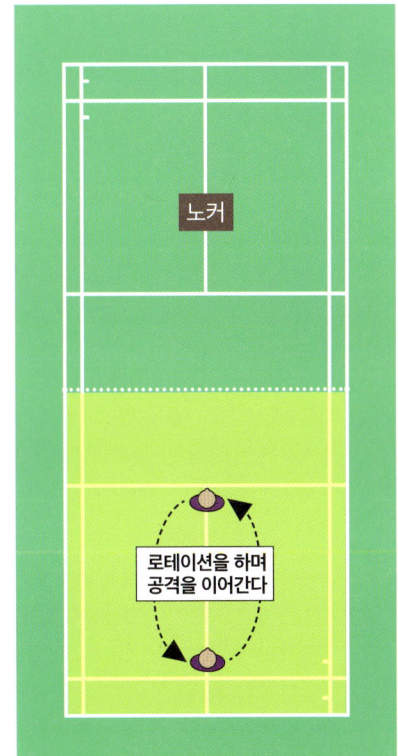

지도자 MEMO

상대를 압박하는 데 그치지 않고 득점으로 이어지는 플레이를 펼칠 수 있도록 연습한다. 마지막 1구까지 실수 없이 셔틀콕을 치도록 한다.

COLUMN

그만두지 않으면 미래를 개척할 수 있다

— 사이타마사카에 고등학교 남자 배드민턴부 코치 도시타 도모히로 —

호쿠에쓰 고등학교 시절 은사인 야마가타 야스히로 감독은 내가 이상적으로 생각하는 지도자 중 한 명이다. 그는 배드민턴 기술뿐만 아니라 학생이 갖춰야 할 예의범절도 가르쳤다. 또한 선수들과 소통하며 팀을 하나로 만드는 데 열정을 쏟는 모습이 존경스러웠다.

내가 지도자가 되겠다고 결심한 것은 대학교 3학년 때다. 같은 학년에는 하시모토 히로카츠(사이슌칸 제약소 코치), 고자이 가즈테루(류코쿠 대학교 감독)가 있었고 한 학년 아래 후배로는 엔도 히로유키(BIPROGY 코치. 리우 올림픽, 도쿄 올림픽에서 5위를 차지함)가 있었는데 세 명 모두 세계 무대에서 활약하는 선수들이었다. 그들과 함께 하다 보니 선수보다는 지도자가 되어 도전을 이어가는 것이 낫겠다고 생각했다.

지금 돌이켜보면 내가 선택한 것은 도전이 아니라 도피였다. 대학을 졸업하고 실업 팀에 들어갔다면 그들을 조금이라도 따라잡을 수 있었을지도 모른다. 지도자의 길을 선택한 것에 후회는 없지만 자신의 한계를 스스로 규정한 아쉬움은 남는다.

미래가 촉망되는 선수들에게 내 경험을 바탕으로 해주고 싶은 말은 중간에 그만두지 말라는 것이다. 지금은 이길 수 없는 상대라도 매일 꾸준히 연습하면 언젠가 이길지도 모른다. 설령 이기지 못하더라도 실력 차이가 크게 벌어지지는 않을 것이다. 언제가 될지는 모르지만 그만두지 않는 한 실력은 대등해질 수 있다.

사이타마사카에 고등학교 졸업생 중에도 재학 중에는 주전이 되지 못해 아쉬워했지만 대학에 가고 사회인이 된 뒤에도 열심히 노력한 끝에 일본 대표로 발탁된 선수가 있다. 그가 전일본 종합선수권대회라는 최고의 무대에서 고등학교 시절에는 한 번도 이긴 적이 없었던 상대를 꺾고 결승에 진출하는 날이 올 줄은 누구도 상상하지 못했다.

열심히 노력했지만 결과가 좋지 않아 실망한 사람도 있을 것이다. 하지만 중간에 그만두면 그것으로 끝이다. 미래를 개척하려면 끊임없이 생각하고 행동하길 바란다.

제 13 장
여러 사람이 같이 연습하기

사람은 많은데 코트가 부족해서 고민하는 팀도 해결 방법만 찾으면 충실히 연습할 수 있다. 한 번 치고 나면 교대해야 하므로 1구, 1구를 소중히 여기길 바란다.

셔틀콕 던지기

코트 뒤쪽에서 라켓만 휘두르고 앞으로 나오기

단계 초급
횟수 1인당 10회
(1구 교대)

코트 뒤쪽에서 네트 앞으로 나올 때 사용하는 전진 스텝을 익힌다. 오른쪽 코트 뒤쪽에서는 라켓만 휘두르고 네트 플레이에 집중해 셔틀콕을 확실히 네트 너머로 보낸다.

★ 기술 포인트 　세 가지 네트 플레이

① 포사이드 뒤쪽에서 라켓만 휘두른다
② 네트 앞으로 나가며 로브, 헤어핀, 푸시 중 하나를 하고 교대한다
▶좌우 코트를 바꿔서도 연습할 수 있다.

로브

헤어핀

푸시

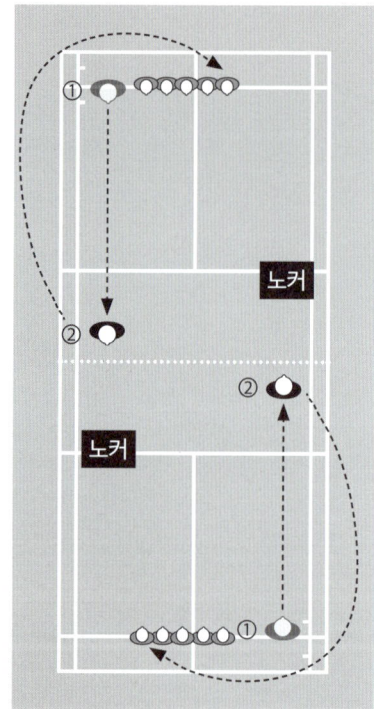

조언

메뉴 154는 두 명이 코트 양쪽에서 셔틀콕을 치도록 설계되었다. 코트 뒤쪽에서 셔틀콕 없이 라켓만 휘두를 때도 스매시를 하듯 온 힘을 다해 스윙하고 그 반동을 이용해 앞으로 나온다. 늘 실전처럼 연습하자.

13 여러 사람이 같이 연습하기

MENU 155

셔틀콕 던지기

포·백사이드에서 라켓만 휘두르고 백핸드 헤어핀하기

단계 초급
횟수 1인당 10회 (1구 교대)

목표
코트 뒤쪽에서 좌우로 움직이다가 백사이드 뒤쪽에서 포핸드 스매시를 하고 네트 앞으로 나오는 패턴은 단식에서 자주 사용된다. 코트 뒤쪽에서 온 힘을 다해 라켓만 휘두르고 빠르게 앞으로 나오며 백핸드 헤어핀을 한다.

★ 기술 포인트 | 헤어핀을 정확히 구사한다

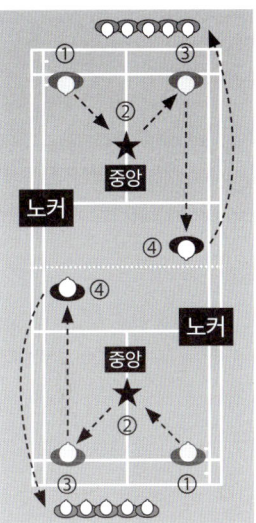

1. 포사이드 뒤쪽에서 라켓만 휘두른다
2. 중앙으로 이동한다
3. 백사이드 뒤쪽으로 이동해 라켓만 휘두른다
4. 백사이드 앞쪽으로 나가 헤어핀을 한다

☑ CHECK!
좌우 코트 뒤쪽에서 라켓만 휘두르고 빠르게 네트 앞으로 나오며 정확하게 헤어핀을 구사한다.

MENU 156

셔틀콕 던지기

백·포사이드에서 라켓만 휘두르고 포핸드 헤어핀하기

단계 초급
횟수 1인당 10회 (1구 교대)

목표
메뉴 155의 반대 패턴이다. 단조롭지만 스윙, 풋워크, 네트 플레이라는 세 가지 요소를 충족하고 있다. 팀원 모두가 진지하게 연습해 확실하게 실력을 향상시킨다.

★ 기술 포인트 | 좌우로 이동할 때는 중앙을 거쳐 간다

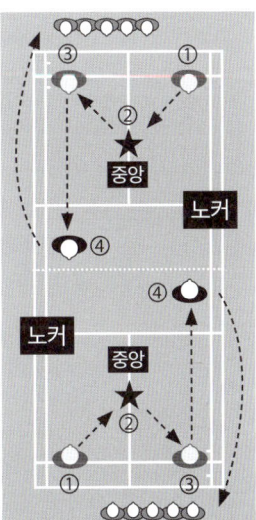

1. 백사이드 뒤쪽에서 라켓만 휘두른다
2. 중앙으로 이동한다
3. 포사이드 뒤쪽으로 이동해 라켓만 휘두른다
4. 포사이드 앞쪽으로 나가 헤어핀을 한다

☑ CHECK!
왼쪽 코트에서 오른쪽 코트로 이동할 때는 반드시 중앙을 거쳐 간다.

포·백사이드에서 라켓만 휘두르고 포핸드 헤어핀하기

[셔틀콕 던지기]

단계 초급
횟수 1인당 10회
(1구 교대)

목표
백사이드 뒤쪽에서 포핸드 스매시를 하듯 라켓을 휘두르고 대각선 앞쪽으로 나오며 헤어핀을 한다. 긴 거리를 이동하는 만큼 체력과 풋워크 실력을 키울 수 있다. 헤어핀은 정확하게 구사하자.

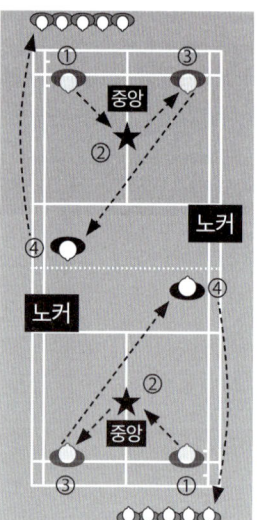

조언
메뉴 155~158을 연습할 때는 좌우 코트 뒤쪽에서 라켓만 휘두르더라도 스매시를 하듯 온 힘을 다해 스윙해야 한다. 가끔은 커트를 하듯 라켓을 휘둘러도 되며, 직선 방향으로 움직일 때는 셔틀콕을 직선으로 치고 대각선 방향으로 움직일 때는 대각선으로 치도록 한다. 셔틀콕을 팔로만 치지 않도록 빠르게 낙하 지점으로 이동한 뒤 침착하게 헤어핀을 한다.

① 포사이드 뒤쪽에서 라켓만 휘두른다
② 중앙으로 이동한다
③ 백사이드 뒤쪽으로 이동해 라켓만 휘두른다
④ 포사이드 앞쪽으로 이동해 헤어핀을 한다

백·포사이드에서 라켓만 휘두르고 백핸드 헤어핀하기

[셔틀콕 던지기]

단계 초급
횟수 1인당 10회
(1구 교대)

목표
메뉴 157의 반대 패턴이다. 라켓만 휘두르더라도 대충하지 말고 처음부터 마지막까지 온 힘을 다해 연습한다. 그래야 체력, 풋워크 실력, 집중력, 정신력이 향상될 뿐만 아니라 헤어핀도 잘 구사할 수 있게 된다.

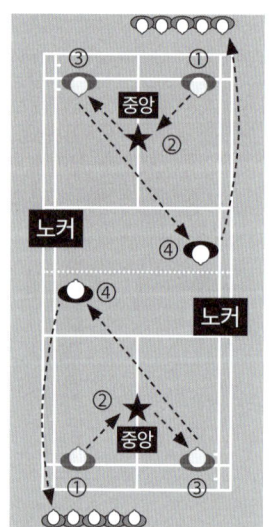

지도자 MEMO
13장에서 소개하는 메뉴들은 코트 양쪽에서 두 명이 동시에 진행할 수 있다. 스윙은 물론이고 풋워크 연습도 되도록 설계되었다. 단조로운 패턴이지만 시합이라고 생각하며 진지하게 연습에 임하자.

① 백사이드 뒤쪽에서 라켓만 휘두른다
② 중앙으로 이동한다
③ 포사이드 뒤쪽으로 이동해 라켓만 휘두른다
④ 백사이드 앞쪽으로 이동해 헤어핀을 한다

MENU 159 — 셔틀콕 던지기: 포사이드에서 라켓만 휘두르고 백핸드 헤어핀하기

단계 초급
횟수 1인당 10회 (1구 교대)

목표 포사이드에서 스매시 리시브를 하고 네트 앞으로 나오는 패턴은 단식에서 자주 사용된다. 수비에서 공격으로 전환한다고 생각하며 정교하게 네트 플레이를 구사하자.

1 중앙에서 포사이드로 이동해 리시브를 하듯 라켓만 휘두른다

2 중앙에서 백사이드 앞쪽으로 이동해 헤어핀을 한다

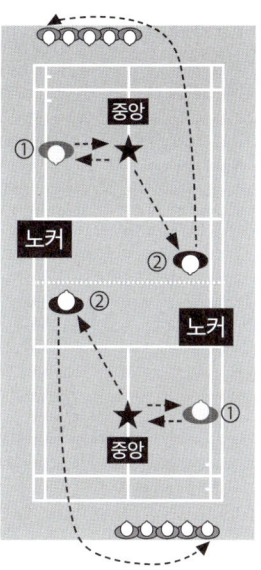

☑ **CHECK!** 중앙에서 포사이드로 이동하며 쇼트 리시브를 하듯 라켓만 휘두른다.

☑ **CHECK!** 중앙에서 백사이드 앞쪽으로 이동해 헤어핀을 한다. 로브나 푸시를 해도 된다.

 ## MENU 160 — 셔틀콕 던지기: 백사이드에서 라켓만 휘두르고 포핸드 헤어핀하기

단계 초급
횟수 1인당 10회 (1구 교대)

목표 백사이드에서 스매시 리시브를 하고 몸과 발의 방향을 바꿔 중앙으로 이동한 뒤 빠르게 네트 앞으로 나가는 패턴을 익힌다. 헤어핀을 할 때까지 긴장을 늦추지 않는다.

1 중앙에서 백사이드로 이동해 리시브를 하듯 라켓만 휘두른다

2 포사이드 앞쪽에서 헤어핀을 한다

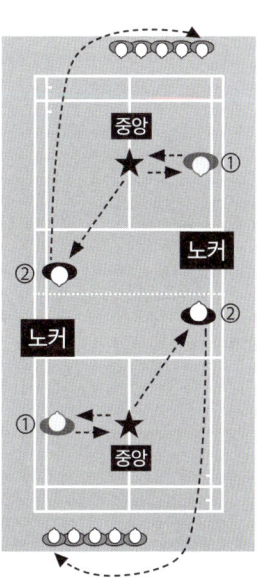

☑ **CHECK!** 중앙에서 백사이드로 이동해 쇼트 리시브를 하듯 라켓만 휘두른다.

☑ **CHECK!** 중앙에서 백사이드 앞쪽으로 이동해 헤어핀을 한다. 로브나 푸시를 해도 된다.

| 셔틀콕 치주기 | **스트레이트 드라이브 & 푸시를 여럿이 하기** | 단계 초급
횟수 1인당 10회
(1회 수행 후 교대) |

목표 스트레이트 드라이브를 하고 네트 앞으로 나가며 푸시를 하는 패턴은 복식에서 자주 사용된다. 집중력을 유지하며 드라이브와 푸시를 정확하게 구사하자.

① 중앙에서 포사이드로 이동해 스트레이트 드라이브를 한다

② 네트 앞으로 나가며 스트레이트 푸시를 한다

▶ 좌우 코트를 바꿔서도 연습할 수 있다.

조언 셔틀콕을 직선 방향으로만 치기 때문에 코트 양쪽에서 연습할 수 있다. 드라이브든 푸시든 스윙은 간결해야 한다. 노커가 셔틀콕에 맞지 않도록 주의하자. 푸시를 한 뒤에도 노커를 주시하면서 코트 밖으로 나간다.

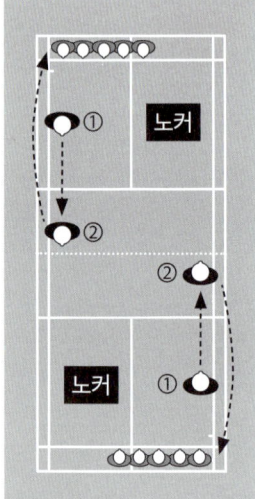

| 셔틀콕 처주기 | **스매시 & 네트 플레이를 여럿이 하기** | 단계 초급
횟수 1인당 10회
(1회 수행 후 교대) |

목표 스트레이트 스매시를 하고 네트 앞으로 나오며 결정타를 날리는 플레이는 단식의 기본 패턴 중 하나이다. 네트 앞에서는 푸시나 헤어핀을 한다. 코트 전후로 이동하는 움직임을 통해 순간 판단력도 기른다.

① 중앙에서 포사이드 뒤쪽으로 이동해 스트레이트 스매시를 한다

② 네트 앞으로 나가며 푸시나 헤어핀을 한다

▶ 좌우 코트를 바꿔서도 연습할 수 있다.

조언 메뉴 162도 코트 양쪽에서 연습할 수 있다. 스매시 이후를 노리며 네트 앞으로 나와 푸시나 헤어핀을 한다. 여러 명이 같이 연습하면 자신의 연습 횟수가 적어지므로 1구, 1구를 소중히 여기며 집중해서 연습한다.

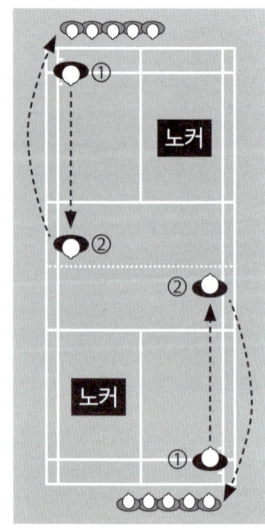

셔틀콕 처주기

푸시 & 스매시를 여럿이 하기

단계	초급
횟수	1인당 10회 (1회 수행 후 교대)

목표 앞에서 뒤로 변칙적인 이동을 한다. 푸시를 하고 빠르게 몸의 이동 방향을 바꾼다. 뒤로 무게 중심이 쏠리지 않도록 주의하며 재빨리 셔틀콕 낙하 지점으로 이동한다.

① 네트 앞으로 나가며 푸시를 한다

☑ **CHECK!**
중앙에서 네트 앞으로 나가며 푸시를 한다. 셔틀콕이 네트에 걸리지 않도록 주의한다.

② 뒤로 물러서며 스매시를 한다

☑ **CHECK!**
상대가 푸시를 받아쳤다고 가정하고 뒤로 물러서며 스매시를 한다.

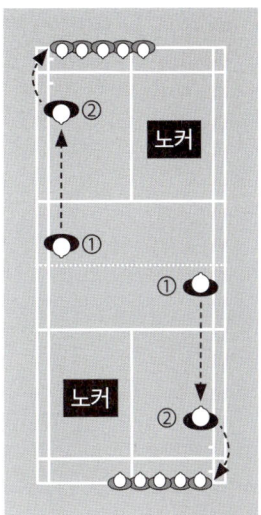

▶ 좌우 코트를 바꿔서도 연습할 수 있다.

  셔틀콕 처주기

드라이브 & 스매시를 여럿이 하기

단계	초급
횟수	1인당 10회 (1회 수행 후 교대)

목표 상대가 드라이브를 받아쳐 셔틀콕을 코트 뒤쪽으로 보내면 뒤로 물러서며 스매시를 하는 플레이는 복식의 공격 패턴 중 하나다. 빠르게 움직여 셔틀콕을 따라가고 네트에 걸리지 않게 넘겨야 한다.

① 사이드로 이동해 드라이브를 한다

☑ **CHECK!**
중앙에서 사이드로 이동해 드라이브를 한다. 득점을 노린다는 생각으로 셔틀콕을 친다.

② 뒤로 물러서며 스매시를 한다

☑ **CHECK!**
빠르게 뒤로 물러서며 스매시를 한다. 서두르지 말고 침착하게 수행한다.

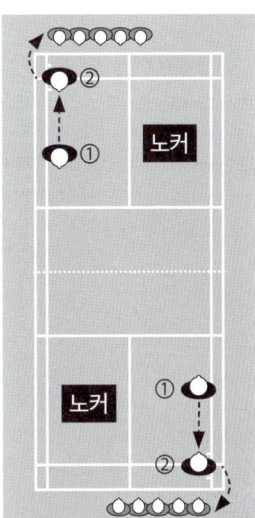

▶ 좌우 코트를 바꿔서도 연습할 수 있다.

MENU 165 （셔틀콕 쳐주기）

스매시 & 드라이브 & 푸시를 여럿이 하기

단계 초급
횟수 1인당 10회
(1회 수행 후 교대)

목표 코트 뒤쪽에서 스매시를 하고 앞으로 나가며 드라이브와 푸시를 한다. 후위에서 전위로 이동하며 공격을 이어가는 패턴이다. 강력한 한 방으로 끝내려 하지 말고 늘 다음을 노린다는 마음가짐으로 연습한다.

① 스매시를 한다

② 드라이브를 한다

③ 푸시를 한다

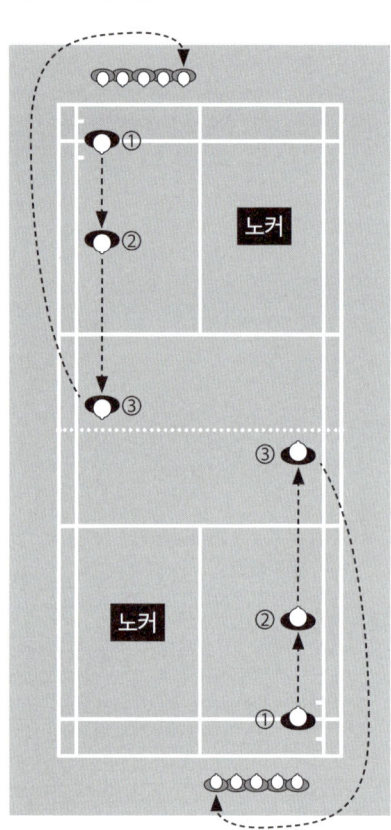

▶ 좌우 코트를 바꿔서도 연습할 수 있다.

조언

복식에서 후위를 담당한다고 생각하며 늘 라켓을 들고 다음 플레이를 준비한다. 다음에 구사할 샷이 정해졌다고 해서 기계적으로 움직이지 말고 샷을 구사할 때마다 빠르게 셔틀콕 낙하 지점으로 이동한다. 노커는 선수가 움직임을 멈추지 않도록 복식의 랠리 속도와 비슷하거나 조금 빠르게 셔틀콕을 쳐준다.

MENU 166 (셔틀콕 쳐주기)

클리어 & 네트 플레이를 여럿이 하기

단계 초급
횟수 1인당 10회
(1회 수행 후 교대)

목표 코트 뒤쪽에서 클리어를 하고 네트 앞으로 나가는 플레이는 단식 경기에서 빼놓을 수 없는 패턴 중 하나다. 클리어를 하고 빠르게 네트 쪽으로 전진하며 상대 네트 앞을 노린다.

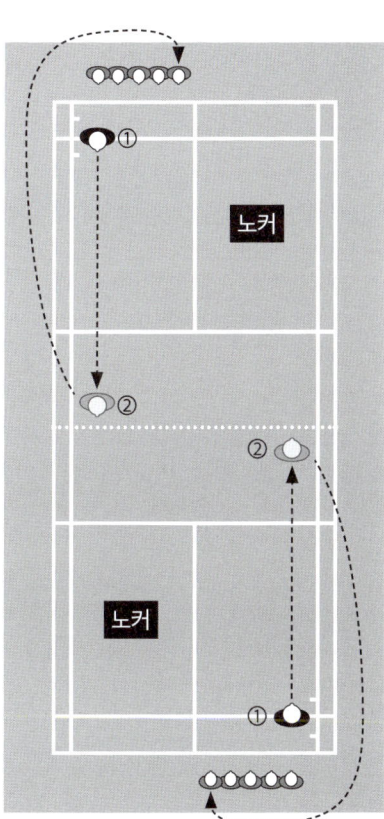

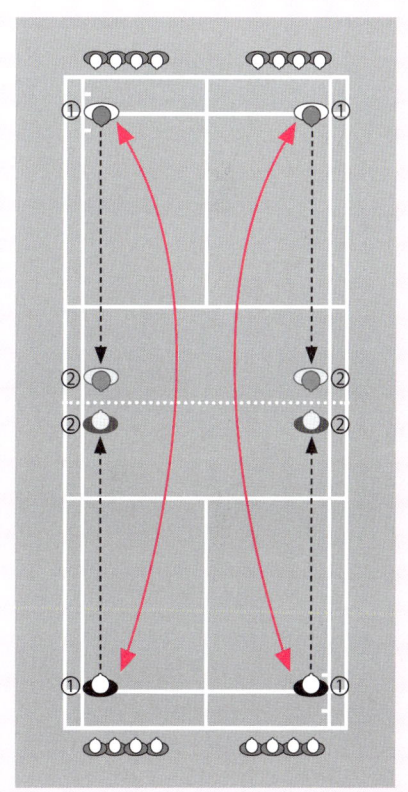

지도자 MEMO

① 코트 뒤쪽에서 클리어를 한다

② 네트 앞으로 나가며 로브, 헤어핀, 푸시를 하듯 라켓을 휘두른다

▶ 좌우 코트를 바꿔서도 연습할 수 있다.

☑ **CHECK!**
코트 뒤쪽에서 클리어를 할 때는 셔틀콕을 가능한 한 멀고 높게 보내야 한다. 네트 앞으로 나가며 로브, 헤어핀, 푸시 중 하나를 구사하듯이 라켓을 휘두른다.

선수가 많은 팀은 위의 그림처럼 서로 겨루는 형태로 진행할 수 있다. 좌우 코트에 5명씩 들어가면 총 20명이 같이 연습할 수 있다. 클리어를 할 때는 셔틀콕을 높이 띄워 상대 코트 깊숙한 곳으로 보내야 한다. 셔틀콕을 친 뒤에는 상대의 커트에 대응하기 위해 네트 쪽으로 전진한다고 생각하며 움직인다.

 셔틀콕 던지기

크로스와 스트레이트 커트 & 헤어핀을 여럿이 하기

단계 초~중급
횟수 1인당 5회(1회 수행 후 교대)

 상대의 균형을 무너뜨리기 위해 크로스 커트를 하고 상대의 스트레이트 리턴을 기다리는 단식 경기의 패턴을 익힌다. 코트 내 4곳을 빠르게 이동하며 셔틀콕을 한곳으로만 보내는 연습을 한다.

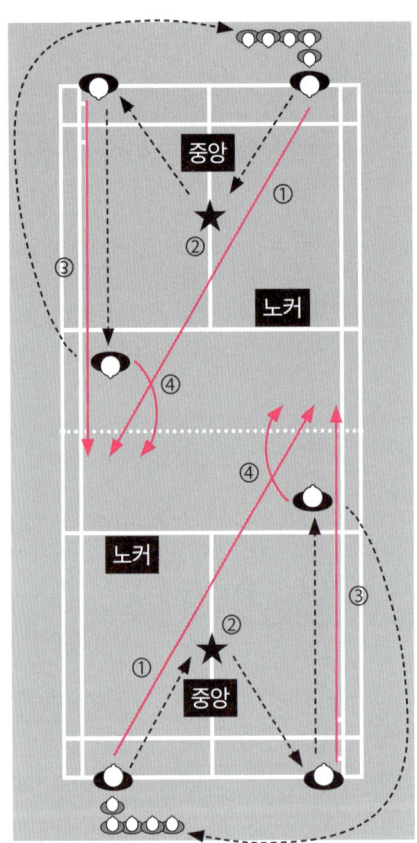

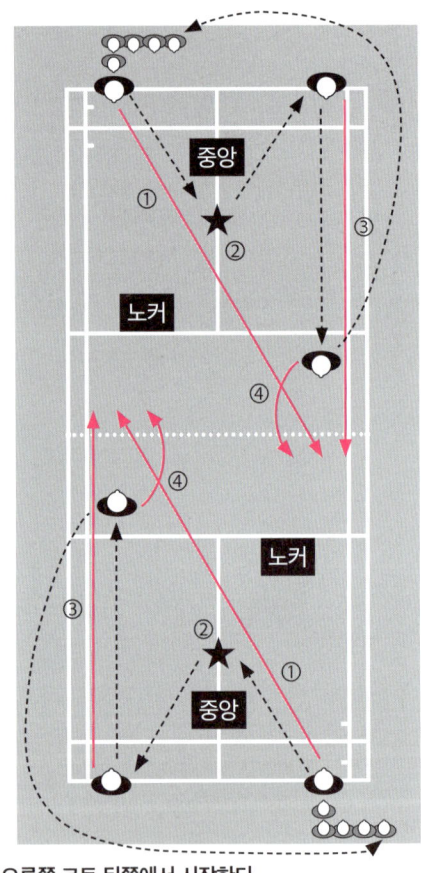

왼쪽 코트 뒤쪽에서 시작한다

1. 백사이드 뒤쪽에서 포핸드 크로스 커트를 한다
2. 중앙으로 이동한다
3. 포사이드 뒤쪽으로 이동해 스트레이트 커트를 한다
4. 포사이드 앞쪽으로 나가며 헤어핀을 한다

오른쪽 코트 뒤쪽에서 시작한다

1. 포사이드 뒤쪽에서 크로스 커트를 한다
2. 중앙으로 이동한다
3. 백사이드 뒤쪽으로 이동해 포핸드 스트레이트 커트를 한다
4. 백사이드 앞쪽으로 나가며 헤어핀을 한다

제 14 장
워밍업

제대로 된 워밍업은 실력 향상의 첫걸음이 된다. 이 장의 메뉴 중에는 시합에서의 움직임과 직결되는 것도 있다. 대충하지 말고 동작 하나하나에 정성을 담아 연습하자.

MENU 168 (동적 스트레칭)

허벅지 뒤쪽 펴주기

단계　초급
횟수　25m 왕복 2세트

목표　허벅지 근육을 펴주지 않으면 근육에 통증이 생기거나 파열될 수 있다. 최악의 경우 피로 골절이 발생하기도 한다. 이 워밍업의 포인트는 동작 사이사이에 스텝을 넣는 것이다. 다리를 들었다가 내릴 때마다 리듬감 있게 스텝을 밟도록 하자.

① 편도 25m를 걸으면서 좌우 허벅지 뒤쪽을 펴준다

★ **기술 포인트**

스텝을 밟는다

☑ **CHECK!**
오른쪽 허벅지 뒤쪽을 펴준 뒤 스텝을 밟는다. 왼쪽도 같은 방법으로 한다. 동작이 끝날 때마다 스텝을 밟는 것이 중요하다.

조언
양손을 무릎에 대고 가슴 쪽으로 당긴다. 등이 구부러지지 않도록 주의한다.

MENU 169 (동적 스트레칭)

다리 들어 올리기

단계　초급
횟수　25m 왕복 2세트

목표　다리를 높이 들어 올려 고관절과 허벅지 뒤쪽을 자극함과 동시에 가동 범위를 넓힌다. 햄스트링(허벅지 뒤쪽 근육)이 경직되면 무릎이나 허리에 통증이 생길 수 있으므로 다리 들어 올리기를 꾸준히 실시하자.

▶ 편도 25m를 걷는다.

① 걸으면서 두 다리를 번갈아가며 높이 들어 올린다

▶ 다리를 들었다가 내릴 때마다 스텝을 밟는다.

☑ **CHECK!**
손으로 다리를 잡지 않도록 주의한다.

조언
워밍업의 목적 중 하나는 부상 방지다. 메뉴 169는 고관절의 가동 범위를 넓히는 효과가 있다. 상체를 구부리거나 손으로 다리를 잡으면 효과가 반감되므로 주의해야 하지만 처음 연습할 때는 무리하지 말자. 워밍업을 통해 몸이 따뜻해지면 다리를 조금씩 높이 들어 올린다.

MENU 170 〔동적 스트레칭〕
고관절 돌리기

단계 초급
횟수 25m 왕복 2세트

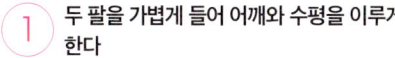 **목표** 고관절의 유연성을 높여 가동 범위를 넓힌다. 동작 사이사이에 스텝을 밟으며 풋워크 연습도 한다.

▶ 편도 25m를 걷는다.

① 두 팔을 가볍게 들어 어깨와 수평을 이루게 한다

② 무릎을 허리 높이까지 들고 뒤에서 앞으로 돌린다

☑ **CHECK!** 두 팔을 벌리는 이유는 정면을 바라보는 자세를 만들기 위해서이기도 하다.

☑ **CHECK!** 몸이 아니라 고관절을 뒤에서 앞으로 돌려야 한다.

▶ 동작 사이사이에 스텝을 밟는다.

③ 반대쪽 다리도 같은 방법으로 한다

지도자 MEMO

이 장에서 소개하는 워밍업은 배드민턴의 기본 동작과 연결되는 요소가 많이 포함되어 있어 워밍업을 하면서 배드민턴 특유의 동작도 익힐 수 있다. 학교나 팀에 따라서는 연습 시간이 부족하기도 할 것이다. 그 시간을 유용하게 사용하고자 할 때도 여기서 소개하는 메뉴가 도움이 될 것이다. 워밍업은 단순한 몸풀기가 아니라 실전으로 이어진다는 생각을 가지고 꾸준히 연습하자.

☑ **CHECK!** 스텝을 밟는 이유는 풋워크를 연습하기 위해서다.

동적 스트레칭

런지 자세로 몸 구부리기

단계 초급
횟수 25m 왕복 2세트

 스윙할 때 중요한 발 디디는 동작을 유연하게 수행하도록 해주며 고관절의 가동 범위도 넓어진다. 몸을 옆으로 구부리는 동작을 통해 상체도 자극한다.

▶ 편도 25m를 걷는다.

① 머리 위에서 두 손으로 깍지를 끼고 오른발을 크게 내디딘다

② 몸을 오른쪽으로 구부린다. 반대쪽도 똑같이 실시한다

☑ **CHECK!**
내디딘 발과 같은 방향으로 몸을 구부린다.

☑ **CHECK!**
기계적으로 움직이지 않도록 발을 내디딘 뒤에 몸을 구부린다.

동적 스트레칭

런지 자세에서 옆으로 벌린 팔 비틀기

단계 초급
횟수 25m 왕복 2세트

 발을 내디디면서 두 팔을 서로 반대 방향으로 비튼다. 스윙할 때 큰 역할을 하는 견갑골에 자극을 줘서 가동 범위를 넓히는 것이 목적이다.

▶ 편도 25m를 걷는다.

① 두 팔을 벌리고 오른발을 크게 내디디며 좌우 팔을 서로 반대 방향으로 비튼다

② 왼발을 내디디며 두 팔을 ①과는 반대 방향으로 비튼다

☑ **CHECK!**
벌린 팔은 어깨와 수평을 이루게 한다.

☑ **CHECK!**
팔을 너무 내리면 견갑골에 자극을 주지 못하므로 어깨 높이로 들도록 한다.

MENU 173 〔동적 스트레칭〕

런지 자세에서 위아래로 벌린 팔 비틀기

단계 초급
횟수 25m 왕복 2세트

목표 두 팔을 위아래로 벌리는 이유는 견갑골에 자극을 줘서 가동 범위를 넓히기 위해서다. 팔을 들었다가 내리는 동작을 정확하게 수행하자.

▶ 편도 25m를 걷는다.

① 오른발을 내디디며 오른팔을 들고 안쪽으로 비튼다

☑ **CHECK!** 팔을 단순히 위로 들었다 내리는 느낌보다는 뒤로 당기는 듯한 느낌으로 수행하는 것이 좋다.

② 왼발을 내디디며 왼팔을 들고 안쪽으로 비튼다

☑ **CHECK!** 팔 동작에 신경 쓰다가 발을 적당히 내딛지 않도록 주의한다.

조언

워밍업은 근육이나 관절 등 몸 전체를 따뜻하게 하는 것이 목적이다. 몸이 충분히 따뜻해지지 않은 상태에서 갑자기 빠르게 움직이거나 큰 동작을 수행하면 부상으로 이어질 위험이 있다. 부상 방지를 위해 하는 워밍업 때문에 다친다면 본말이 전도되는 것이다. 적절히 시간을 들여 몸을 따뜻하게 하는 것이 중요하다.

지도자 MEMO

하체 근력을 향상시키는 데는 런지가 효과적이다. 한 발씩 교대로 내딛는 동작을 반복하면 몸의 불균형도 개선된다. 일상생활에서뿐만 아니라 배드민턴을 할 때도 두 발로 움직일 때가 많은데, 의식하지 않으면 어느 한쪽에 근력이 편중되었다는 사실을 알기 어렵다. 이러한 트레이닝은 몸과 나누는 대화라고 생각하며 꾸준히 실시하자.

MENU 174 〔스텝〕 투 스텝 밟기

단계 초급
횟수 25m 왕복 2세트

목표 워밍업을 하며 배드민턴에서 중요한 스텝 밟는 방법을 익힌다. 짧게 스텝을 밟으며 앞쪽으로 이동한다. 상황에 맞게 보폭을 조절하며 연습한다.

1 정면을 바라보고 서서 오른쪽 대각선 앞으로 두 번 스텝을 밟는다

☑ **CHECK!**
셔틀콕을 치기 위해 첫 발을 내디딜 때를 생각하며 연습한다.

2 왼쪽 대각선 앞으로 두 번 스텝을 밟는다

☑ **CHECK!**
발뿐만 아니라 무릎도 부드럽게 사용해 스텝을 밟으면 좋다.

조언
복식 사이드 라인에서 단식 사이드 라인까지의 길이를 기준 삼아 투 스텝으로 전진한다. 어느 정도 익숙해지면 보폭을 넓혀보기도 하고 좁혀보기도 한다. 실전에서는 짧게 스텝을 밟으며 셔틀콕을 칠 때도 있지만 넓은 보폭으로 이동하지 않으면 셔틀콕을 따라가지 못할 때도 있다. 늘 시합이라고 생각하며 연습하자.

MENU 175 〔스텝〕 후진 스텝 밟기

단계 초급
횟수 25m 왕복 2세트

목표 메뉴 174와 마찬가지로 워밍업을 하면서 후진 스텝 밟는 방법을 익힌다. 뒤로 간다고 해서 그냥 물러서지 말고 제대로 스텝을 밟아야 한다. 상황에 맞게 보폭을 조절하며 연습한다.

1 오른쪽 대각선 뒤로 두 번 스텝을 밟는다

2 왼쪽 대각선 뒤로 두 번 스텝을 밟는다

지도자 MEMO
두 번 스텝을 밟으며 뒤로 물러서는 동작이다. 시합을 하다 보면 후진 스텝을 밟거나 뛰어야 할 때가 많은데 이러한 비일상적인 동작이야말로 많이 연습해 익숙해지는 것이 중요하다. 상황에 맞게 보폭과 속도를 조절하자.

MENU 176 [스텝] 사이드 스텝 밟기

단계 초급
횟수 25m 왕복 2세트 (좌우 모두)

목표 워밍업 겸 사이드 스텝 밟기를 한다. 상황에 따라 보폭을 넓히거나 좁혀도 된다.

1. 두 발을 벌리고 서서 자세를 낮춘다
2. 오른발을 왼발 쪽으로 모은다
3. 왼발을 옆으로 이동시킨다. 이 동작을 반복한다

조언
발 전체가 바닥에 닿지 않도록 모지구(발바닥의 움푹 파인 부분과 엄지발가락 사이의 볼록한 부분 아래에 있는 뼈)를 사용해 가볍게 점프하면서 이동한다. 발을 보거나 시선을 위아래로 움직이지 말고 날아오는 셔틀콕을 본다고 생각하며 스텝을 밟는다. 코트에 들어가면 쉴 새 없이 전후좌우로 이동해야 하므로 가볍게 움직일 수 있는 몸을 만들자.

MENU 177 [스텝] 크로스 스텝 밟기

단계 초급
횟수 25m 왕복 2세트 (좌우 모두)

목표 워밍업을 하면서 짧게 스텝을 밟는 방법을 익히고 순발력도 기른다. 상황에 따라 보폭을 넓히거나 좁혀도 된다.

1. 똑바로 서서 정면을 본다
2. 오른발을 왼발 앞으로 교차시킨다
3. 왼발을 오른발 옆으로 가져온다
4. 오른발을 왼발 뒤로 교차시킨다
5. 왼발을 오른발 옆으로 가져온다

두 팔을 어깨 높이로 든다

MENU 178 (스텝) 바닥 두드리고 무릎 들며 전진하기

단계 초급
횟수 바닥 두드리기, 무릎 들기 30회씩

목표 워밍업을 하면서 순발력도 기르는 메뉴이다. 몸에 자극을 주는 것이 목적이다. 짧고 빠르게 움직이면서 무릎을 들고 팔을 휘두르자.

① 몸은 정면을 향하고 바닥 두드리기※ 를 30회 하면서 전진한다

※ 두 발을 가볍게 벌리고 짧고 빠르게 바닥을 두드리면서 전진한다.

☑ **CHECK!**
코트 중앙에서 준비 자세를 취한다고 생각하며 바닥을 두드린다.

② 전진하면서 무릎 들기를 30회 한다

☑ **CHECK!**
발만 움직이지 말고 팔도 휘둘러 상체를 자극한다.

MENU 179 (스텝) 바닥 두드리고 무릎 들며 후진하기

단계 초급
횟수 바닥 두드리기, 무릎 들기 30회씩

목표 메뉴 178과 마찬가지로 워밍업을 하면서 순발력을 향상시킨다. 실전에서는 뒤로 물러서며 셔틀콕을 칠 때가 많으므로 동작을 생각하며 연습한다.

① 몸은 정면을 향하고 바닥 두드리기를 30회 하면서 뒤로 물러선다

☑ **CHECK!**
무게 중심을 어디에 두느냐가 중요하다. 앞에 둔 상태에서 바닥을 두드리며 뒤로 물러선다.

② 뒤로 물러서며 무릎 들기를 30회 한다

☑ **CHECK!**
바닥 두드리기를 하다가 무릎 들기로 자연스럽게 전환하는 것이 중요하다.

MENU 180 [스텝] 두 발로 점프하기(앞 2번, 뒤 1번)

단계 초급
횟수 25m 왕복 2세트

목표 점프하거나 착지할 때 몸이 한쪽으로 쏠리지 않도록 두 발을 균형감 있게 사용한다.

① 두 발을 어깨 너비보다 약간 넓게 벌리고 앞으로 두 번 점프한다

② 의 자세를 유지한 채 뒤로 한 번 점프한다

☑ **CHECK!**
쿵쿵거리며 착지하지 않도록 하고 발끝과 모지구를 사용해 리듬감 있게 점프한다.

☑ **CHECK!**
두 발을 가지런히 놓고 정확히 점프하면 발이 피곤해질 수 있는데 이는 동작이 올바르다는 증거다.

MENU 181 [스텝] 두 발로 점프하기(뒤 2번, 앞 1번)

단계 초급
횟수 25m 왕복 2세트

목표 메뉴 180의 반대 패턴이다. 발로 바닥을 차듯이 뒤로 점프한다. 코어를 안정화시키면 뒤로 움직이는 동작이 원활해진다.

① 두 발을 어깨 너비보다 약간 넓게 벌리고 뒤로 두 번 점프한다

② 의 자세를 유지한 채 앞으로 한 번 점프한다

☑ **CHECK!**
발바닥이 바닥에 밀착되면 점프하기 어려우므로 뒤꿈치를 들고 점프한다.

☑ **CHECK!**
뒤로 점프를 할 때도 무게 중심은 앞쪽에 두어야 한다. 실전 상황을 상상하며 연습한다.

MENU	스텝	단계	초급
182		횟수	25m 왕복 각 2세트

사이드 스텝 밟기 (우 2번, 좌 1번→좌 2번, 우 1번)

목표 실전에서는 셔틀콕을 치기 위해 전후좌우로 스텝을 밟으며 이동하다가 갑자기 멈춰 설 때가 많다. 메뉴 182를 통해 이동하다가 빠르게 멈추는 동작을 익힌다.

① 두 발을 가볍게 벌리고 선다

② 오른쪽으로 두 번 사이드 스텝을 밟는다

③ 왼쪽으로 한 번 사이드 스텝을 밟는다. 반대쪽도 같은 방법으로 한다

MENU	순발력	단계	초급
183		거리	15m

셔틀콕을 두고 사다리 점프하기

목표 짧고 빠르게 스텝을 밟기 위해 순발력을 키운다. 사다리를 두고 실시하는 경우가 많지만 사다리 대신 셔틀콕을 일정한 간격을 늘어놓고 연습해도 된다.

① 사다리 간격을 기준 삼아 셔틀콕을 일정한 간격으로 늘어놓는다

② 셔틀콕을 밟지 않고 두 발로 점프하며 전진한다

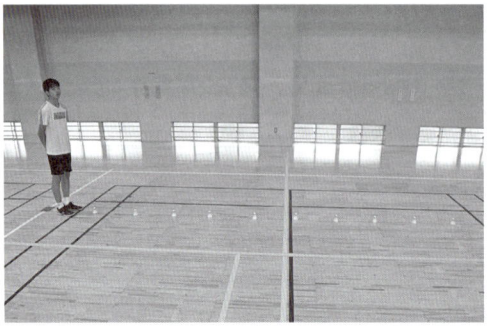

MENU 184 (순발력)

셔틀콕을 두고 사다리 스텝 밟기①

단계 초급
거리 15m

목표 메뉴 183과 마찬가지로 짧고 빠르게 스텝을 밟기 위해 순발력을 키운다. 투 스텝을 밟을 때보다 더 짧게 스텝을 밟는다.

① 첫 번째와 두 번째 셔틀콕 사이에서 서서 한 발 뒤로 물러선다

② 왼발을 셔틀콕과 셔틀콕 사이에 넣는다

③ 오른발을 왼발 옆으로 가져와 셔틀콕과 셔틀콕 사이에 넣는다

④ 왼발을 두 번째와 세 번째 셔틀콕 사이에서 뒤로 한 발 물러선 위치(대각선 뒤)로 뺀다

⑤ 오른발을 왼발 옆으로 가져온다. ②~④를 반복한다

☑ CHECK!
셔틀콕을 넘어뜨리지 않는 것이 좋지만 그보다 리듬감 있게 스텝을 밟는 것이 중요하다. 연습하는 도중에 셔틀콕을 건드리더라도 멈추지 말고 계속 한다.

조언 🔊
순발력을 기르는 메뉴에도 배드민턴의 기본 동작과 연결되는 요소가 많이 포함되어 있다. 메뉴를 연습할 때 단순히 반복하는 것이 아니라 실제 경기 상황을 머릿속으로 그리면 연습 효과가 배가되어 동기 부여로 이어진다. 평소에 어떤 마음가짐으로 연습하느냐에 따라 선수의 성장에 큰 차이가 생긴다.

지도자 MEMO
풋워크 실력을 키우면 기술이 뛰어난 선수와도 승부를 겨룰 수 있다. 순발력도 마찬가지다. 점프력이 좋으면 스매시를 할 때는 물론이고 상대의 공격에 대응할 때도 플레이의 질이 높아진다.

MENU 185 (순발력)

셔틀콕을 두고 사다리 스텝 밟기②

단계 초급
거리 15m

목표 메뉴 183, 184와 마찬가지로 순발력을 키운다. 스텝을 밟으면서 자연스럽게 체중을 이동시키는 감각을 익힌다.

① 오른발을 첫 번째와 두 번째 셔틀콕 사이에 넣는다
 왼발을 오른발 옆으로 가져온다
 오른발을 대각선 앞으로 뺀다
 왼발을 두 번째와 세 번째 셔틀콕 사이에 넣는다

조언 아무리 빠르게 스텝을 밟더라도 자세가 나쁘면 의미가 없으므로 처음에는 천천히 해도 된다. 무릎을 사용해 체중을 이동시키며 스텝을 밟는다.

 MENU 186 (순발력)

라인 위에서 술래잡기

단계 초급
시간 5분

목표 코트의 라인 위에서만 달리며 술래잡기를 한다. 순발력을 키우는 메뉴로, 술래잡기에 참여하는 인원은 5~10명 정도가 적당하다. 사이드 스텝이나 외발뛰기로만 이동하도록 해도 된다.

① 라인에서 벗어나지 않도록 주의하며 술래에게서 도망친다

② 술래도 라인 위를 달리며 쫓아가 어깨에 손을 댄다

조언 코트 끝에 있거나 술래의 시야에서 벗어나는 위치로 도망친다. 전략을 잘 짜면 술래에게 잡히지 않을 수도 있다. 진지하면서도 즐겁게 게임을 하듯 연습한다.

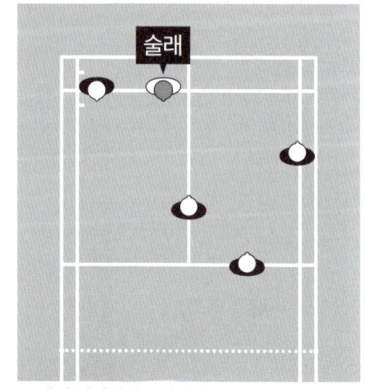

※ 라인 위에서만 움직인다.

제 15 장 트레이닝

모든 플레이는 강인한 체력이 뒷받침되어야 한다. 체력과 근력이 받쳐주지 않으면 연습을 제대로 할 수 없다. 신체 구조와 메뉴의 목적을 생각하며 매일 꾸준히 실시하자.

MENU 187 　위팔
바 들어 올리기

단계 초급
횟수 20~30회
3~5세트

목표 셔틀콕을 강하게 칠 수 있도록 위팔 두 갈래근과 위팔 세 갈래근을 단련하는 트레이닝이다. 소위 말하는 '알통'을 포함한 팔 주변 근육을 단련한다.

① 두 발을 어깨 너비보다 약간 넓게 벌리고 손바닥이 위로 향하게 바를 잡는다

 팔꿈치를 몸쪽에 붙인 채 팔을 구부렸다가 천천히 편다

☑ **CHECK!**
보통은 아령을 사용하지만 아령 대신 네트 기둥(폴)을 사용해도 된다.

☑ **CHECK!**
바를 올리고 내릴 때 반동을 사용하면 트레이닝 효과가 약해지므로 천천히 수행한다.

MENU 188 　전신
바 들고 다리 벌려 점프하기

단계 초급
횟수 15~20회
3~5세트

목표 손에 바를 든 채로 점프한다. 근력뿐만 아니라 몸의 기능도 향상시킬 수 있다. 머리 위로 들어 올리는 동시에 다리를 벌려 순발력을 기르자.

① 두 손으로 바를 들고 턱 밑까지 올린다

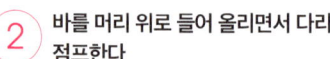 ② 바를 머리 위로 들어 올리면서 다리를 벌리고 점프한다

☑ **CHECK!**
팔뿐 아니라 전신을 사용해 바를 들어 올린다고 생각한다.

☑ **CHECK!**
점프할 때 다리를 너무 벌리지 않도록 한다. 어깨 너비보다 약간 넓은 정도면 된다.

MENU 189 바 들고 앞으로 발 내딛기

단계 초급
횟수 오른발 10회, 왼발 10회

목표 허벅지 뒤쪽 근육, 엉덩이 근육, 코어 근육을 강화하는 트레이닝이다. 발을 내딛는 동작을 반복하면 고관절의 가동 범위가 넓어지고 몸의 불균형도 개선된다.

① 두 손으로 바를 들고 어깨에 올려놓는다

② 한쪽 발을 크게 앞으로 내디딘다. 처음 자세로 돌아와 반대쪽도 같은 방법으로 한다

☑ **CHECK!**
배드민턴의 기본 동작을 고려해, 발을 너무 짧게 내딛지 않도록 한다.

☑ **CHECK!**
실전에서는 한쪽 발을 많이 사용하게 되는데 몸의 불균형을 개선하기 위해서라도 오른발, 왼발을 교대로 실시한다.

MENU 190 바 들고 뒤로 발 내딛기

단계 초급
횟수 오른발 10회, 왼발 10회

목표 트레이닝의 목적이나 주의할 점은 메뉴 189와 동일하다. 다른 점이 있다면 발을 뒤로 빼듯이 움직인다는 것이다.

① 두 손으로 바를 들고 어깨에 올려놓는다

② 한쪽 발을 뒤로 빼듯이 내디딘다. 처음 자세로 돌아와 반대쪽도 같은 방법으로 한다

지도자 MEMO
시합을 하다 보면 발을 크게 내디뎌야 할 때가 많다. 다리를 뒤로 내딛는 메뉴 190은 메뉴 189에 비해 익숙하지 않은 동작인 만큼 수행하기가 쉽지 않다. 그러나 어려운 동작을 해내야 강한 선수가 될 수 있다. 발을 뒤로 내디딜 때 무릎은 90도를 유지하는 것이 좋다.

MENU 191 〔하체〕 **바 들고 발 위치 바꾸기**

단계 초급
횟수 20회

목표 메뉴 189, 190과 마찬가지로 하체 근력을 키우는 트레이닝이다. 발을 내디딘 상태에서 가볍게 점프를 하며 발의 위치를 바꾼다. 바를 어깨에 올려놓으려면 몸의 균형이 맞아야 하므로 바른 자세 유지에도 도움이 된다.

① 두 손으로 바를 들고 어깨에 올려놓는다

② 점프를 하며 다리를 앞뒤로 벌리고 런지 자세를 취한다

③ 점프를 하며 발의 위치를 바꾼다

되도록 크게 내디딘다

점프를 하며 발의 위치를 바꾼다

MENU 192 〔종아리〕 **바 들고 계단 오르내리기**

단계 초급
횟수 5회 왕복

목표 종아리 근육을 강화하는 메뉴로 순발력을 키우는 데도 도움이 된다. 계단 오르내리기는 되도록 리듬감 있게 실시한다.

▶ ④ 이후에는 ①로 돌아간다. 이후 발 바꾸어 ②, ③, ④를 진행하는 것까지를 1회로 친다.

① 두 손으로 바를 들고 어깨에 올려놓는다

② 오른발부터 한 계단을 오르고 왼발로 한 계단 더 오른다

③ ②의 왼발 옆에 오른발을 놓는다

④ 왼발부터 한 계단 내려오고 오른발로 한 계단 더 내려온다

15 트레이닝

MENU 193 플랭크 자세 취하기

코어

단계 초급
시간 30초~1분, 3~5세트

목표 코어 근육을 강화하는 메뉴이다. 팔과 다리를 안정적으로 사용하려면 코어가 튼튼해야 한다. 강한 코어는 배드민턴의 모든 동작에 영향을 미치므로 매일 꾸준히 단련하자.

1 엎드린 상태에서 팔꿈치와 발끝으로 몸을 지탱한다

등을 곧게 편다
머리부터 뒤꿈치까지 일직선을 유지한다

조언

자세가 불안정한 선수는 코어가 약한 것이 원인인 경우가 많다. 코어가 튼튼하지 않으면 자세가 흐트러져 셔틀콕을 정확하게 컨트롤하기 어렵다. 또한 코어가 약한 선수는 팔과 다리 근육을 단련하더라도 실력을 충분히 발휘할 수 없다. 따라서 배드민턴 기술도 중요하지만 피지컬 트레이닝도 소홀히 하지 않도록 하자.

MENU 194 사이드 플랭크 자세 취하기

코어

단계 초급
시간 30초~1분, 3~5세트

목표 옆으로 누워서 플랭크 자세를 취하는 것이 사이드 플랭크다. 옆구리에 부하를 가해 코어를 균형감 있게 단련시킨다.

1 바닥에 팔꿈치를 대고 옆으로 누운 뒤 엉덩이를 들어 올리고 두 다리를 쭉 편다

머리부터 발끝까지 사선을 그리도록 한다

지도자 MEMO

배드민턴 실력을 향상시키고자 근력 트레이닝을 할 때는 순발력을 잃지 않도록 주의해야 한다. 트레이닝을 하는 목적에는 부상 방지도 있으므로 성장기에 있는 10대 선수들은 극단적으로 근육을 키우기보다는 몸 전체를 균형 있게 단련한다.

MENU 195 〔코어〕

리버스 플랭크 자세 취하기

단계 초급
시간 30초~1분, 2~3세트

목표 리버스 플랭크는 플랭크와는 반대로 배가 천장을 향한다. 코어 근육뿐만 아니라 팔 근육을 강화하는 데도 효과적이다. 허리 통증도 예방할 수 있다.

① 두 손바닥을 어깨 밑에 두고 엉덩이를 들어 올리며 다리를 쭉 편다

- 뒤꿈치로 지탱한다
- 엉덩이를 너무 내리거나 몸을 지나치게 뒤로 젖히지 않도록 주의한다
- 머리부터 발까지 일직선이 되도록 자세를 유지한다

MENU 196 〔허벅지〕

스케이터 점프하기

단계 초급
횟수 20회 3~5세트

목표 도구를 사용하지 않고도 코어 근육과 균형 감각을 효율적으로 단련하는 메뉴이다. 명칭대로 스피드 스케이트 선수가 얼음 위에서 미끄러지듯이 점프한다.

① 사선 방향으로 점프하고 한쪽 발로 착지한다

② 반대 방향으로 점프한다

조언

트레이닝을 하다가 무릎을 다치지 않도록 주의한다. 특히 착지할 때 쿵 하는 소리가 나지 않도록 무릎을 살짝 구부려 충격을 흡수하자. 순발력과 균형 감각을 단련하기 위해 상체를 앞으로 기울인 자세로 연습한다.

MENU 197 [전신] 다리 벌려 버피 점프하기

단계 중급
횟수 10회 3~5세트

목표 선 자세에서 쪼그려 앉으며 팔굽혀펴기 자세를 취하고 그대로 몸을 일으켜 점프한다. 버피 점프에 다리 벌리는 동작을 가미해 트레이닝의 강도를 높였다. 민첩성, 순발력, 심폐 능력을 키울 수 있다.

① 정면을 보고 선다

☑ CHECK!
시선은 앞을 향한다. 손으로 바닥을 짚는다고 해서 시선이 아래를 향하면 안 된다.

② 바닥에 손을 대고 팔굽혀펴기 자세를 취한다

☑ CHECK!
①과 ② 사이에 허리를 숙이거나 무릎을 살짝 구부려도 된다. 그러면 점프 시 충격을 흡수할 수 있고 손으로 바닥을 짚을 때 부상도 방지할 수 있다.

지도자 MEMO

트레이닝을 하면서 배드민턴 선수들에게 필요한 민첩성과 순발력을 잃지 않는 것이 중요하다. 반면, 너무 근육이 없으면 민첩하게 움직일 수 없다. 운동을 막 시작한 선수나 중학생은 아직 근력이 부족할 수 있는데 여기에서 소개하는 항목만으로도 충분히 근력을 향상시킬 수 있다. 상급자나 고등학생은 몸 전체의 균형을 바로잡고 부상을 방지할 목적으로 트레이닝하길 바란다. 나이와 종목에 맞는 균형 잡힌 근육을 키우도록 하자.

③ 두 발을 손 가까이로 가져온다

④ 높이 점프한다

☑ CHECK!
두 발의 힘을 이용해 단번에 점프한다. 되도록 높이 뛰어오른다.

⑤ 가장 높은 위치에서 다리를 벌리고 손끝을 발끝에 댄다

☑ CHECK!
몸이 유연하지 않거나 높이 뛰어오르지 못하면 손끝을 발끝에 대기 어렵다. 초보자가 하기는 어려운 동작이므로 처음에는 ⑤를 생략해도 된다.

등을 구부리지 않는다

손끝을 발끝에 댄다

전신

1단 뛰기와 2단 뛰기

단계 초급
시간 5분(30초×2를 5세트)

목표 짧게 스텝을 밟는 데 필요한 근력과 리듬감을 키울 뿐만 아니라 손목 근력도 강화된다. 배드민턴 선수에게 필요한 근력을 짧은 시간에 효율적으로 늘릴 수 있는 메뉴이다.

① 한 번 뛰는 동안에 줄을 한 번 회전시키는 1단 뛰기를 30초간 실시한다

② 한 번 뛰는 동안에 줄을 두 번 회전시키는 2단 뛰기를 30초간 실시한다

조언 팔꿈치를 고정하고 손목만을 사용해 줄을 돌리면 속도와 리듬감을 유지하기 쉽고 손목 근력과 유연성을 키우는 효과도 있다. 또한 모지구를 사용해 줄넘기를 하면 발에 가해지는 충격을 억제해 부상을 방지할 수 있다.

✓ **CHECK!** 일정한 리듬으로 뛰는 것이 중요하다. 높게 뛰기보다는 빠르게 뛰도록 한다. 30초 동안 최대한 많이 뛴다.

아래팔

추 감기

단계 초급
횟수 1~3회 왕복

목표 손목과 팔의 근력, 악력을 단련하는 트레이닝이다. 악력이 강하면 순간적으로 라켓을 꽉 쥐어 셔틀콕을 강하게 칠 수 있다. 손목의 힘도 스윙에 큰 영향을 미친다.

① 추를 단 끈을 두 손으로 잡고 팔을 어깨보다 약간 높게 들어 올린다

② 추를 다 감아올리면 반대로 돌려서 추를 내린다

✓ **CHECK!** 팔을 너무 내리면 트레이닝 효과가 감소하므로 주의해야 한다. 팔의 높이를 유지하며 천천히 추를 감는다

✓ **CHECK!** 손에 힘을 풀어 빠르게 내리지 말고 속도를 조절하면서 내린다.

| MENU 200 | 지구력·순발력 | **셔틀콕 놓고 달리기** | 단계 초급
횟수 3~5세트 |

목표
사이드 라인에 놓은 셔틀콕 5개를 센터 라인과 반대쪽 사이드 라인에 하나씩 놓고 다시 가져오는 동작을 전력 질주하며 실시한다. 온 힘을 다해 달린 후 빠르게 방향을 전환하는 능력과 심폐 능력을 키운다.

▶ 가능하다면 두 개의 코트가 나란히 배치된 곳에서 연습한다. 가장 앞쪽에 있는 복식 사이드 라인에 서고 옆에 셔틀콕 5개를 세워 놓는다.

① 셔틀콕을 하나 집고 첫 번째 코트 센터 라인까지 달려가 놓은 뒤 처음 위치로 돌아온다

② 다음 셔틀콕을 집고 첫 번째 코트 복식 사이드 라인까지 달려가 놓은 뒤 처음 위치로 돌아온다

③ 다음 셔틀콕을 집고 두 번째 코트 앞쪽 복식 사이드 라인까지 달려가 놓은 뒤 처음 위치로 돌아온다

④ 다음 셔틀콕을 집고 두 번째 코트 센터 라인까지 달려가 놓은 뒤 처음 위치로 돌아온다

⑤ 마지막 셔틀콕을 집고 두 번째 코트 뒤쪽 복식 사이드 라인까지 달려가 놓은 뒤 처음 위치로 돌아온다

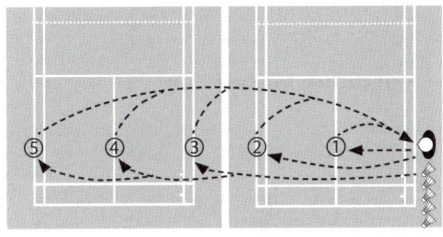

조언
③~⑤는 두 번째 코트를 사용한다. 셔틀콕 5개를 다 옮겨놓으면 처음 위치로 돌아와 첫 번째 셔틀콕부터 회수한다. 셔틀콕 5개를 처음 위치로 돌려놓으면 끝난다.

★ 기술 포인트

✅ CHECK!
셔틀콕을 집고 놓는 동작도 트레이닝 중 하나다. 스매시를 리시브한다고 생각하며 발을 크게 내디딘다. 전력 질주하는 것도 중요하지만 몸이 앞으로 쏠리지 않도록 주의하자.

⛔ NG
셔틀콕을 집고 놓는 동작을 대충하지 말고, 발을 크게 내디디며 상체를 낮춰 리시브를 한다고 생각하며 실시한다. 등은 구부리지 말고, 세워둔 셔틀콕을 넘어뜨리지 않도록 주의한다.

도시타 도모히로

1985년 6월 10일생. 니가타현 소재 호쿠에쓰 고등학교 시절 전국 고등학교 종합체육대회에 참가해 배드민턴 복식 종목에서 3위를 차지했다. 일본 체육대학을 졸업한 뒤 현재는 사이타마현 소재 사이타마사카에 고등학교에서 보건체육 교사로 일하고 있다. 전 일본 교직원 배드민턴 선수권대회에서 복식 종목 우승 2회, 준우승 1회를 거두었다. 일본 최고의 실적을 자랑하는 사이타마사카에 고등학교 남자 배드민턴부 코치로 활동하며 전국 고등학교 종합체육대회 단체전 우승 11회, 전국 선발대회 단체전 우승 7회, 다수의 개인전 우승 등의 실적을 달성했다.

指導者と選手が一緒に学べる!バドミントン練習メニュー200
SHIDOSHA TO SENSHU GA ISSHO NI MANABERU! BADMINTON RENSHU MENU 200
Copyright © 2024 by K.K. Ikeda Shoten
All rights reserved.
Supervised by Tomohiro DOSHITA
Photographs by Hideto IDE
Interior design by Souldesign
First original Japanese edition published by IKEDA Publishing Co.,Ltd., Japan.
Korean translation rights arranged with PHP Institute Inc.
through BC Agency

이 책의 한국어판 저작권은 BC 에이전시를 통해 저작권자와 독점 계약을 맺은 삼호북스에 있습니다.
저작권법에 의해 한구 내에서 보호를 받는 저작물이므로 무단전재와 복제를 금합니다.

코치와 선수가 함께 활용하는
배드민턴 연습메뉴 200

사이타마사카에 고등학교
남자 배드민턴부 2023학년도 3학년

(뒷줄 왼쪽부터) 나카가와 유나, 아라카키 쇼타, 가와사키 세이야, 노구치 슌헤이, 인 코우, 타나키 유토, (앞줄 왼쪽부터) 쿠마키 료야, 노로 히데노리, 오키모토 유다이, 가쿠타 코스케, 쓰다 코세이

원고 협력
오오야 타카시, 히라타 미호, 다자와 켄이치로, 야마구치 아이아이

1판 1쇄	2025년 6월 23일
지 은 이	도시타 도모히로
옮 긴 이	최말숙
발 행 인	김영우
발 행 처	삼호북스
등 록	2023년 2월 2일 제2023-000022호
주 소	서울특별시 서초구 강남대로 545-21 거림빌딩 4층
전자우편	samhobooks@naver.com
전 화	(02)544-9456
팩 스	(02)512-3593

ISBN 979-11-987278-9-3 (13690)

Copyright 2025 by SAMHO BOOKS PUBLISHING CO.